Anja Lerz (Hrsg.)

Hab Mut, mein Herz!

52 Auszeiten mit Gott

Brendow
Verlag | Alles, was Sinn macht!

Bibliografische Information der Deutschen Nationalbibliothek
Die Deutsche Nationalbibliothek verzeichnet diese Publikation in der Deutschen Nationalbibliografie; detaillierte bibliografische Daten sind im Internet über http://dnb.d-nb.de abrufbar.

ISBN 978-3-96140-067-6

Gesamtgestaltung: Silja Dreyer, Brendow Verlag
Titelgrafik: fotolia LisaShu, Innen-Illustrationen: fotolia

Druck und Verarbeitung: Drogowiec PL
Printed in Poland

www.brendow-verlag.de

Hab Mut, mein Herz!

Aslan, in:
„Die Reise auf der Morgenröte“
von C. S. Lewis

Von Herzen willkommen!

Alles hat seine Zeit, stellt der Prediger im Buch Kohelet fest. Kinder brauchen Rituale, erklären Psychologen. Und mir kommt es manchmal vor, als vergingen meine Tage wie im Rollenspiel meiner Kinder: „Jetzt wäre wohl gerade Nacht – und jetzt ist die Nacht vorbei und Puppe und Bär stehen wieder auf."

Zack, Nacht vorbei. Ein neuer Tag. Wenn ich nicht bewusst darauf achte, rennt die Zeit, und obwohl ich durch Routinen und Termine getaktet bin, geht mir der Rhythmus, der „Groove", verloren. Das Kind in mir guckt verwirrt und ich besinne mich: Jetzt atme ich mal durch.

Ich brauche Pausenzeiten –
um Gott und meiner selbst willen.
Ich brauche Sonntagszeiten –
um Kraft für die Woche zu schöpfen.
Ich brauche Auszeiten –
um für andere wieder voll da sein zu können.

Da ist kein Zwang, weil ich meine, es müsste so sein, sondern ein tiefes Bedürfnis, das ich mir eingestehen will.

In diesem Sinne: Sei willkommen in diesem Buch, das dich durch dein Jahr begleiten will. Woche für Woche bist du eingeladen, eine Auszeit zu nehmen, innezuhalten, einen biblischen Text zu lesen und zu sehen, welche Bedeutung dieser Text heute, für dich, haben könnte.

Die Frage, die sich die Autorinnen dieses Buchs gestellt haben, lautet: „Gott, ich weiß, du bist da, aber wo bin ich denn eigentlich gerade?"

Immer wieder richten sie dabei den Blick von sich auf andere. Es gibt drei Hauptpersonen in diesem Buch: Gott – dich – und grundsätzlich und immer auch die Person neben dir, wer auch immer das gerade sein mag. In den Wochentexten sind das immer unterschiedliche Menschen – Familienmenschen, Kolleginnen, Nachbarinnen. So, wie bei dir vermutlich auch.

Wann du in diesem Buch stöbern möchtest, liegt ganz bei dir – die Gedanken taugen für sonntags ebenso wie für alltags. Falls du deine Lesezeit aufs Wochenende legst, möchte ich dich ermutigen, während der Woche noch einmal an das Gelesene zu denken, es in deinem Herzen zu bewegen. So mögen zu den Sonntagsgedanken auch Mittwochs- und Freitagsgedanken dazukommen.

„Hab Mut, mein Herz!", flüstert Aslan dem kleinen Mädchen Lucy in „Die Reise auf der Morgenröte" zu, als eine Situation gerade besonders ausweglos scheint. In Gestalt eines strahlend weißen Albatros weist er dem Schiff, auf dem Lucy und ihre Gefährten unterwegs sind, den Weg. Einander zu ermutigen und sich von unserem guten Gott ermutigen zu lassen, gehört zusammen und soll deshalb das Motto dieses Buches sein.

Ich wünsche dir ein reich gesegnetes Jahr!

Anja Lerz

Gesegnet

Mit Blick
auf einen Neuanfang
lesen wir heute

Josua 1,1-9.

40 Jahre hat Mose das Volk Israel auf seinem Weg aus der Gefangenschaft ins Gelobte Land geführt. Nach seinem Tod wird Josua von Gott berufen, diese große Aufgabe zu beenden. Sie haben das Ziel vor Augen. Das Gelobte Land liegt vor ihnen, eine neue Ära bricht an. Neue Schritte in ein neues Leben.

Vor uns liegt kein verheißenes Land, das es zu betreten gilt. Es ist ein neues Jahr. Wie das Volk Israel vor dem Gelobten Land, stehen wir vor dem kommenden Jahr und fragen uns: Was wird es bringen? Ein Neuanfang verheißt Chancen. Das Alte ist vergangen, das Neue liegt frisch und vielversprechend vor uns. Nicht umsonst gibt es nie so viele gute Vorsätze wie zu Jahresbeginn. Vielleicht sehen wir aber auch ängstlich nach vorne. Welche Herausforderungen hält das Jahr für uns bereit? Werden wir sie bewältigen können?

Gott motiviert Josua für seinen Neubeginn: „Sei stark und mutig!“ Er verspricht nicht, dass es keine Schwierigkeiten geben wird. „Lass dir keine Angst einjagen, lass dich nicht einschüchtern.“ (Vers 9) Es werden Situationen kommen, die uns ängstigen und uns an Grenzen bringen. Aber Gott sagt auch: „So, wie ich Mose beistand, werde ich dir beistehen. Ich werde dich nie im Stich lassen, dich niemals vergessen.“ (Vers 5) und

„... denn Jahwe, dein Gott, steht dir bei, wo immer du bist". Diese Zusagen können wir auch für uns in Anspruch nehmen.

Schön und gut, wir wissen das alles, und dennoch geht es im quirligen Alltag oft unter, wird von Sorgen überdeckt. Deshalb gibt Gott Josua einen Tipp: „Du sollst die Weisungen dieses Gesetzbuches immer vor dir hersagen und Tag und Nacht darüber nachdenken, damit dein Tun ganz von dem bestimmt ist, was darin steht. Dann wirst du Erfolg haben, und was du anpackst, wird dir gelingen." (Vers 8)

Was heißt das heute für uns mit dem Wissen um das Neue Testament? Wenn wir uns immer an die Zehn Gebote hielten, gäbe es weder Neid noch Betrug noch Mord auf der Welt. Leider bekommen wir das nicht hin. Mit Jesus leben wir die „Freiheit des Christenmenschen", wie Martin Luther es formulierte. Dennoch oder gerade deswegen tut es uns gut, die Zusagen und Empfehlungen der Bibel täglich im Blick zu behalten. Gott rät Josua: „Sage es vor dir her und denke Tag und Nacht darüber nach. Lass dein Tun davon bestimmt sein." Was hält uns ab? Es ist machbar, unseren Glauben nicht sonntags an der Kirchenbank abzugeben, sondern ihn jeden Tag mit in den Alltag zu nehmen. Möglichkeiten gibt es viele: Ob es die Losungen sind oder morgendliche Bibellese, das Gebet im Auto auf dem Arbeitsweg, die kurze Segnung der Kinder, wenn wir sie morgens im Kindergarten verabschieden. Ich bin davon überzeugt, dass unser Alltag damit besser läuft. Gesegnet.
Zurück zu den Neujahrsvorsätzen: Versuch's doch mal und finde deinen Weg, Gott mit in den Alltag zu nehmen. Ich wünsche dir ein gesegnetes neues Jahr! Sei stark und mutig!

Nicole Schweiger

Und jedem Anfang wohnt ein Zauber inne.

Hermann Hesse –
das gilt auch für uns.

Saat und Ernte

Heute wollen wir **Markus 4,26-29** betrachten.

Meine Nachbarin liebt ihren Garten. Sie ist in der Landwirtschaft groß geworden und noch heute, mit über 70 Jahren, arbeitet sie von Frühjahr bis Herbst – wenn es das Wetter erlaubt – jeden Tag in ihren Beeten. Sie baut Gemüse und Obst an. Da gibt es immer Arbeit. Säen, pflanzen, Unkraut hacken, gießen, umgraben ... wie oft sehe ich sie tätig, wenn ich aus dem Fenster schaue.

Meine Nachbarin ist großzügig. So komme ich oft in den Genuss eines Salates, frischer Kirschen, Tomaten oder Kräuter. Ich bin eine sehr dankbare Abnehmerin und sie freut sich, wenn die Ernte mal wieder sehr gut ausgefallen ist und sie etwas teilen kann.

„Ohne Fleiß kein Preis“, sagt sie immer. Aber manchmal beklagt sie sich über die viele Mühe und Verantwortung, die sie mit ihrem Garten hat.

Wie gelassen klingt da unser Gleichnis in Markus 4, Vers 26-29.

Der Bauer sät auf seinem Acker. Ein Tag folgt auf den anderen. Nachts schläft er gut. Die Natur arbeitet für ihn. Zuerst im Untergrund, unsichtbar für das menschliche Auge. Dann wächst die kleine Pflanze, wird immer größer, trägt Frucht und ist irgendwann reif für die Ernte.

Dann wird der Bauer wieder tätig. Er fährt die Ernte ein.

Wenn doch alles so einfach wäre!

Vielleicht will Jesus uns mit diesem Gleichnis sagen: Es IST einfach, macht es euch nicht so schwer!

Wir leben in einer Zeit, die uns viel abverlangt. Die Verpflichtungen des Alltags nehmen uns gefangen, wie oft bürden wir uns mehr auf, als gut für uns ist. Nein sagen fällt uns schwer. Dann können wir schlecht Verantwortung abgeben. Wir wollen die Kontrolle behalten, alles muss gelingen. Arbeit und Privatleben sind angefüllt mit Terminen, die „abgearbeitet" werden müssen.

Das Scheitern ist oft vorprogrammiert. „Burn-out" ist so ein Schlagwort in unserer Gesellschaft.

Will Jesus damit sagen, dass wir gar nichts mehr tun sollen?

Jesus will uns darauf aufmerksam machen, uns auf das Wesentliche zu beschränken. Natürlich sollen wir nicht untätig sein, aber wir können und sollen uns nicht um alles kümmern.

Gott unterstützt unsere Vorhaben. Er schenkt das Wachstum, wir dürfen uns entspannen. Gott ist am Werk, in unserem Leben, unseren Investitionen – unserer Saat – und wir dürfen dabei ruhig schlafen. Was kann da noch passieren?

Ich bete, dass ich heute Wichtiges von Unwichtigem unterscheiden kann, dass ich lerne loszulassen und meine Augen dankbar auf Gott richte. Gelingen und eine gute Ernte kommen durch *Ihn*.

Renate Schnarr

Vertraue dem HERRN
deine Pläne an,
er wird dir
Gelingen schenken.

Sprüche 16,3

Erstaunt und überrascht

Lass uns über
Lukas 2,41-52
nachdenken.

Wenn ich morgens früh in den Spiegel schaue, dann schaut es mir entgegen, mein wohlvertrautes, altbekanntes Gesicht. Jedes Detail hat sich mir in den letzten Jahrzehnten eingeprägt. Auch ansonsten kenne ich mich ganz gut, meine Vorlieben und Abneigungen, meine Stärken und Schwächen, was mich ausmacht und wofür mein Herz schlägt. Ist ja auch kein Wunder, denn ich spaziere nun immerhin schon seit 41 Jahren mit mir durchs Leben.

Hin und wieder jedoch, da überrasche ich mich. Da kommen Reaktionen zum Vorschein, mit denen ich einfach nicht gerechnet habe. Und dann forsche ich in den Tiefen meiner Seele und tauche nach Antworten. Manchmal werde ich fündig, nicht immer gefällt mir, was ich finde, und manchmal kehre ich ohne Lösung wieder zurück. Die Seele ist gewoben aus Millionen feinster Lebensfädchen, ein Meisterwerk der Handwerkskunst, ein Teppich aus Emotionen und Neigungen, Erinnerungen und Prägungen, dunklen und hellen Farben. Plötzlich tauchen Muster des Anfangs wieder auf, die du schon vergessen glaubtest, manche wiederholen sich immer und immer wieder, alte und neue Farbverläufe kreuzen sich, und nicht immer weißt du, was an der Reihe ist. Seit 41 Jahren lebe ich mit dieser meiner Seele zusammen und entdecke immer wieder Neues.

Ich sehe nicht nur mein vertrautes Gesicht jeden Morgen im Spiegel, ich sehe täglich die Gesichter meiner Kinder, meines Mannes, der Menschen, die ich liebe. Ich könnte dir jedes einzelne bis ins kleinste Detail beschreiben, all die kleinen Besonderheiten. Von abstehenden Ohren und Zwillingszähnen, von wirren Locken und zauberhaftem

Lächeln könnte ich dir erzählen, jede Winzigkeit habe ich mir eingeprägt. Ich kenne auch ihre Wesenszüge und Macken, ich weiß, wie sie ticken, und sehe häufig Reaktionen richtig voraus. Lieblingsspeisen und Geht-gar-nicht-Klamotten, Kuschelbedürfnisse und Lesegewohnheiten, ihre Ängste, und was sie zum Lachen bringt – ich weiß Bescheid. Tagein, tagaus nehme ich Anteil an ihrem Leben, an ihrem Denken, Fühlen und Handeln. Und nein, ich kenne sie nicht.

Nie sollten wir der Versuchung erliegen, wirklich zu glauben, dass wir einen anderen Menschen ganz und gar kennen, verstehen und begreifen können. Das fein gesponnene Muster seiner Seele bleibt letztendlich ein Geheimnis, das wohl erst in der Ewigkeit vollständig zutage tritt. Noch nicht einmal Maria kennt ihren Sohn ganz, er erstaunt und überrascht sie, sie kann ihn nicht begreifen, sein Handeln und sein Reden. Aber sie beobachtet und bewahrt alles in ihrem Herzen. Sie kehrt heim mit ihrem Sohn, den sie nicht begreifen kann, und nimmt hin, dass sie nicht versteht. Liebe versteht, dass sie nie ganz versteht.

Wie vorsichtig sollten wir mit uns und unseren Mitmenschen umgehen, wie sorgfältig mit unseren vorschnellen Meinungen, und noch viel vorsichtiger mit den Schubladen, die wir so gerne aufreißen, um hurtig jemanden darin verschwinden zu lassen. Nur einer kennt all deine Seelenfarben, das Muster deines Lebens und die Kettfäden deiner Geschichte. Nur Gott allein weiß, wer du, wer dein Nächster, wer ein Mensch wirklich ist.

Sandra Geissler

Seine Mutter aber dachte immer wieder über das nach, was geschehen war.

Lukas 2,51

Ich will dich segnen

Heute geht es um
1. Mose 12,2
1-9.

Was für eine starke Zusage! Jesus möchte an dir und mir zeigen, wie groß sein göttlicher Segen ist und welche Auswirkungen er hat. Er möchte uns mit ihm beschenken. Und das reichlich. Denn wir sollen so reich gesegnet sein, dass die anderen Menschen es an uns sehen können! Dass deine Nachbarin merkt: „Wahnsinn, diese Frau ist so gesegnet!"

Aber wie gelangen wir an diesen Segen, den Gott uns schenken möchte? In einer Predigt zeigte der Pastor einmal ein Video von einem Fluss. Mittendrin steht eine Person. Er nahm diesen Fluss als Bild für den Segen Gottes. Dieser Segen für uns ist so gewaltig, dass er uns von allen Seiten umgibt. Das Wasser benetzt unseren ganzen Körper. Doch wir können dieses Geschenk nicht festhalten. Es fließt durch uns hindurch.

Wir sollen den Segen, den wir erfahren, an andere weitergeben. Der Segensfluss fließt nicht für uns alleine. Wenn wir beginnen, andere zu segnen, wird es auf uns zurückfallen. Ich kenne zahlreiche Situationen, wo das ganz praktisch sichtbar wurde, wo Menschen zum Beispiel Geld gegeben haben, obwohl sie gerade selbst nicht viel hatten, und Gott die durch die Spende entstandene Lücke auf erstaunliche Weise wieder gefüllt hat. Oft unterzeichnete Gott es, indem genau derselbe Betrag zurückkam, der gegeben wurde oder den man nun selbst brauchte. Ich kann dir natürlich nicht sagen, wie Gott handelt, wenn du jemand anderen segnest. Aber ich bin gewiss, dass er handeln wird. Er wird dich segnen, und zwar reichlich!

Dieser Vers macht mich wieder darauf aufmerksam, dass ich aufhören soll, mich nur um mich selbst zu drehen. Ich möchte ablegen, wo ich danach strebe, mehr von allem anderen zu erlangen, als mehr von Jesus. Denn wenn ich ganz ehrlich bin, ist es oft nur ein frommer Vorsatz, nicht egoistisch zu sein. Mein Wunsch soll es sein, meinen Blick so verändern zu lassen, dass ich sehe, wo ich andern helfen kann. Wo ich andere Menschen in meinem Umfeld segnen kann. Wem kann ich heute etwas Gutes tun?, soll jeden Tag meine Ausgangsfrage sein, ob es eine gestresste Person hinter mir an der Kasse ist, die ich vorlasse, einer Freundin Blumen vor die Tür stelle oder den Nachbarn ein paar Stücke vom frischgebackenen Kuchen rüberbringe. Hier dürfen wir kreativ werden.

Mein Mann macht es häufiger, ich sollte es auch tun: Wenn er Menschen verabschiedet, wünscht er ihnen oft „Gottes Segen!“ Das ist doch das Beste, was wir Christen anderen Menschen mitgeben und wünschen können, oder? Stell dir mal vor, Gott segnet eine Person, weil du sie gesegnet hast. Ist das nicht sensationell? Und vielleicht erkennt dieser Mensch dadurch ja sogar Gott und entscheidet sich für ein Leben mit ihm. Wenn meine Familie das Haus verlässt, gebe ich ihnen auch täglich Gottes Segen mit. Und mein Herz kann dadurch ruhig sein. Ich lege sie in Gottes Hände und weiß, er wird sie mit Segen beschenken. Und er wird auch mich segnen. Danke Jesus, für diese Gnade!

Überlege dir doch heute einmal, wie du andere ganz bewusst segnen kannst. Nimm dir drei praktische Dinge vor, die du heute gleich umsetzen möchtest.

Katharina Knaub

„Ich will dich segnen,
und du sollst ein Segen sein.
An dir soll sichtbar werden,
was es bedeutet,
wenn ich jemanden segne."

1. Mose 12,2

Die zerbrochene Vase

Bist du bereit
für eine kleine Auszeit?
Lass uns
2. Korinther 4,6-7
lesen.

Kurz nach meiner Hochzeit habe ich eine Vase gekauft. Nach dem Kauf fiel mir auf, dass sie einen Sprung hatte. Von außen kaum sichtbar. Ein bisschen verärgert darüber, versuchte ich die Vase bei einem Flohmarkt wieder zu verkaufen, aber sobald ich die potenziellen Käufer auf den Sprung aufmerksam machte, haben sie das Interesse verloren. Interessanterweise hielt die Vase trotz ihres Mangels das Wasser. Also entschied ich, sie nicht wegzuwerfen.

Die Vase habe ich heute noch. 15 Jahre später ist sie mittlerweile meine Lieblingsvase. Und durch die Vase habe ich zwei wichtige Lebenslektionen gelernt:

Ich muss nicht perfekt sein, um meine Berufung erfüllen zu können, und ich darf Mut zum Mangel haben.

Ich darf schwach sein, ich darf Fehler machen, ich darf Grenzen haben, ich darf Nein sagen, ich darf Verletzungen, Narben haben, ich darf gezeichnet sein vom Leben – und trotzdem sagt Jesus Ja zu mir und führt mich Schritt für Schritt in die Berufung hinein, die auf meinem Leben liegt.

Wenn du darauf wartest, perfekt zu sein, alles richtig zu machen – dann zieht das Leben an dir vorbei und du verpasst all die Möglichkeiten, wo Jesus in deiner Schwachheit stark sein kann. Wo sein Licht durch deine Zerbrochenheit scheinen kann. Wo deine Geschichte jemand anderem Mut machen kann.

Wie oft schon stand ich mitten im Alltag und wusste nicht mehr ein noch aus. Kleine Kinderhände klammerten sich an mir fest, auf dem Herd kochte die Suppe über, der Wäscheberg wuchs und wuchs. Wie oft fühlte ich mich den Herausforderungen des Lebens nicht gewachsen, wollte einfach nur noch weg. Aber immer, immer wieder hielt der Sprung. Immer wieder spürte ich, wie der Heilige Geist mir neuen Rückenwind gab, neue Bestätigung. Da, wo ich stehe, da stehe ich richtig. Als Mama, als Freundin, als Wegbegleiterin.

Der Feind wird immer wieder versuchen, dir einzureden, dass du es nicht kannst. Dass du zu klein, zu unwichtig bist. Dass dieser „Sprung" in dir den Spannungen des Lebens nicht standhalten wird. Dass du den Herausforderungen nicht gewachsen bist.

Jedes Mal, wenn ich Wasser in diese Vase fülle und Blumen hineinstelle, werde ich daran erinnert, dass mein großer Gott sich nicht durch meine Zerbrochenheit davon abhalten lässt, in meinem Leben zu wirken und durch mich stark zu sein. Alles, was ich tun muss, mich von Ihm füllen zu lassen. Dann kann Neues durch mich blühen.

Inka Hammond

Diesen kostbaren Schatz
tragen wir in uns,
obwohl wir nur zerbrechliche Gefäße sind.
So wird jeder erkennen,
dass die außerordentliche Kraft,
die in uns wirkt, von Gott kommt
und nicht von uns selbst.

2. Korinther 4,7

Einfach vertrauen

Eine bekannte und herausfordernde Geschichte erwartet uns heute:
Matthäus 14,22-33.

Die Beziehung zwischen Gott und mir. Ich wünschte, sie wäre einfach statt kompliziert. Eine Beziehung, an der kein „Herumdoktern“ nötig ist. Schluss mit dem ständigen Ringen darum, Gott nahe zu sein. Stattdessen das tiefe Vertrauen darauf, ihn immer bei mir zu haben.

Was wäre, wenn ich das könnte: nicht zweifeln? Wenn ich einfach glaubte, dass Gottes Zuspruch „Ich bin da“ bedeutet, dass er wirklich da ist – ohne Einschränkung, egal, wo ich gerade stehe? Wenn er keine Erwartungen an mich hätte, keine Kritik und keine Vorwürfe? Was wäre dann?

Du Kleingläubige, warum hast du gezweifelt? Was, wenn ich damit aufhörte zu zweifeln? Wenn ich dem Kleinglauben entwüchse? Wenn ich wirklich unerschütterlich an sein uneingeschränktes Dasein glauben könnte? Mich nicht mehr unentwegt fragte, was das Richtige wäre, um ihm zu gefallen? Ich ihm vertraute, dass er mich liebt, so wie ich bin, und dass alles, was passiert, seine Richtigkeit hat und irgendwann einen Sinn ergeben wird? Und wenn ich Gott dasselbe entgegenbrächte: einfach da zu sein, ohne Einschränkung, ohne Erwartungen an ihn und ohne Hadern. Was wäre dann?

Volles Vertrauen – vielleicht würde es mich und mein Leben verändern. Vielleicht würde mich dieser neue Blickwinkel so bestärken, dass er meine Unsicherheiten reduzierte. Dann würde ich meine Mängel und Macken betrachten ... und einfach lächeln. Womöglich könnte sich ein innerer Frieden in mir entfalten, mir würden Steine vom Herzen fallen: kein Druck mehr. Keine Ängste mehr, zu missfallen. Kein rastloses Ringen um die richtigen Entscheidungen, sondern intuitives Wissen. Vielleicht wäre vieles einfach statt kompliziert.

Vertrauen ist Dünger für Beziehungen. Und wächst nicht jede Beziehung am Zuspruch und an der erhebenden Feststellung, dass man sie für gut befindet? Ich könnte es üben, die Zweifel sein zu lassen. Ab in den Ruhestand mit ihnen! Zuversicht statt Kleingläubigkeit. Nur wenn man es ausprobiert, weiß man auch, was dann passiert.

Also: für ein paar Tage die eigene Kontrolllust ersetzen durch das bedingungslose Vertrauen in Gott, um zu erfahren, welche Auswirkungen es mit sich bringt. Jeden Morgen damit beginnen, nachzuspüren, wie sich Vertrauen anfühlt. Und es Gott entgegenzubringen. Der Furcht davor, dass Dinge sich entwickeln könnten, wie ich sie lieber nicht hätte, nicht nachgeben. Das bedeutet nicht, sich dem Leben taten- und wehrlos zu ergeben, sondern es aus einem neuen Blickwinkel zu betrachten. So etwas braucht Übung, damit es gelingt. Jeden Tag eine bewusste Wahl. Los geht's!

NICOLE SUTERA

Gottes Wege
sind vollkommen,
des Herrn Worte
sind durchläutert.
Er ist ein Schild allen,
die ihm vertrauen.

2. Samuel 22,31

Mittendrin

Lass dich heute von
Psalm 148
ermutigen!

Mittendrin im Alltag gibt es unzählige Möglichkeiten Jesus zu begegnen. Seine Gegenwart ist näher, als wir glauben. Jesus stillt die Stürme in unserer Seele. Er beruhigt unser aufgewühltes Herz. Er ist unser Fundament, wenn alles andere in sich zusammenzufallen droht.

Ich erinnere mich noch gut an einen Moment vor einigen Jahren. Es war Frühling, die Natur erwachte zu neuem Leben und ich ging spazieren. Mein Innerstes fühlte sich aber gar nicht nach Frühling an. Ich war ausgelaugt, müde, frustriert. Mein Leben lief gar nicht so, wie ich es mir erträumt hatte. Meine Pläne schienen einfach nicht zu greifen auf dem unebenen Weg meines Alltags. Ich war vor Kurzem Mutter geworden und all meine Vorstellungen, wie das Leben mit so einem kleinen Baby aussehen sollte, zerplatzten wie Seifenblasen. Mein Kind schrie viel und machte die Nächte zum Tag. Das Stillen war schmerzhaft und anstrengend, die Schwangerschaftspfunde wollten einfach nicht purzeln und ich fühlte mich wie eine Fremde im eigenen Körper.

Meine Zeiten mit Jesus waren rar geworden, jetzt, da ein kleiner Mensch ganz viel meiner Aufmerksamkeit beanspruchte und meinen schön geordneten Tagesrhythmus durcheinanderbrachte. Dieses Aufblicken zu Jesus, das Ruhigwerden in seiner Gegenwart – das fehlte mir sehr. Deswegen waren die täglichen Spaziergänge eine Oase in meinem wüstenähnlichen täglichen Einerlei. Meine Tochter schlief selig im Kinderwagen, ich konnte durchatmen und meine Gedanken ordnen. Ich konnte beten und meine Sorgen, Fragen, Ängste, Zweifel in Worte kleiden.

Während jenes Spaziergangs an diesem wunderschönen Frühlingstag schüttete ich Jesus mein Herz aus. Ich bat Ihn, mir ein Zeichen Seiner Liebe zu schenken. Eine Erinnerung, dass Er da ist, dass alles gut werden würde. Mein Weg führte mich an einer Reihe blühender Obstbäume vorbei, da wehte plötzlich ein sachter, sanfter Wind und Hunderte, Tausende von Blütenblättern fielen auf die Erde. Es war ein atemberaubender, wunderschöner Moment und ich wusste: Das ist eine Erinnerung von Jesus an mein Herz, dass Er mich liebt. Ich fühlte mich wie eine Braut auf dem Weg zum Altar. Ich, in meiner Jeans, die zwickte, dem T-Shirt, auf dem noch Milchspuren vom letzten Bäuerchen zu finden waren, ich, die ich voller Selbstzweifel und Zukunftsängsten war. Mein Herz jubilierte, meine Augen füllten sich mit Tränen. Jesus liebt mich, so wie ich bin. Er liebt mich mitten in meinem Alltag, der oft aus dem Ruder gerät. Er liebt mich mit meinen Ecken und Kanten. Er liebt mich, mittendrin und jeden Tag.

Inka Hammond

Lobt ihn, ihr Berge und Hügel, ihr Obstbäume und Zedern!

Psalm 148,9

Alles ist gut

Mal ehrlich –
von Zeit zu Zeit brauchen wir
alle ein Wunder. Lass dich von
Matthäus 9,18-26
stärken!

Der Gatte und ich pflegen ein kleines Ritual. Wir pflegen es schon viele, viele Jahre, seit wir als junges Paar zueinandergefunden haben. Denn auch damals schon beschlichen häufig viele Ängste und Sorgen mein Herz, machten es schwer, lähmten meine Gedanken und ließen mich rat- und hilflos zurück. Damals waren es Gedanken um das Studium und die berufliche Zukunft, um das Leben, das so viel Ungewisses bereithält. Der Gatte nahm mich auch damals schon in seine Arme und sagte mit fester Stimme: „Alles ist gut." Und dann zählte er mir in langer Reihe auf, was denn schon alles gut sei und was in naher Zukunft gut werden würde. Und ich glaubte ihm, jedes Mal. Die Angst und die Sorge verzogen sich und ich konnte wieder frei und ruhig atmen.

So ist es bis heute. Wenn die Angst mein Herz besucht und die Sorgen sich in meinen Gedanken festfressen, dann sagt der Gatte: „Alles ist gut!", und auch heute glaube ich ihm. Heute ängstige ich mich um meine Kinder und den Lauf der Welt, um die Alten und Gebrechlichen in unserer Familie, vor den Fehlern, die ich begehe, und den Unwägbarkeiten des Seins. Alles ist gut.

Das Geheimnis hinter diesen Ruhe schenkenden Worten ist so simpel wie wunderbar. Ich vertraue meinem Mann ganz und gar. So sehr mein Leben mich zum Kontrollfreak und vorsichtigen Angsthasen gemacht haben mag, sooft ich auch in angespannte Daueralarmbereitschaft gerate, und auch wenn ich mein Lager nie vorschnell bei den Optimisten aufschlagen würde, meinem Mann vertraue ich. Ich glaube, weil ich vertraue. Und mein Herz kommt zur Ruhe.

Glauben heißt vertrauen. Wie sehr müssen die samaritanische Frau und der Synagogenvorsteher vertraut haben: in die unendliche Liebe und Wirkmacht Jesu, der Heilung und Erlösung schenkt. So sehr vertrauten sie Ihm, dass sie Ihn bedenkenlos um scheinbar Unmögliches bitten konnten, in dem tiefen Wissen, dass Er alles gutmacht.

Manchmal wünsche ich mir dieses tiefe Vertrauen in Gott, das so einen Glauben möglich macht. Vertrauen ist eine Herausforderung, es bedeutet loszulassen und die Kontrolle abzugeben. Einzugestehen, dass das Leben allein äußerst schwierig zu meistern ist. Ich glaube ja, dass mein himmlischer Vater mir den Gatten an die Seite gestellt hat, damit mein misstrauisches Herz das Vertrauen üben kann und ich schließlich mein Vertrauen immer öfter vorbehaltlos in Ihn setze. Denn jedes Menschenherz sollte wissen dürfen: Wenn der Sturmwind des Lebens an dir rüttelt – alles ist gut. Wenn Sorgen deinen Geist umwölken – alles ist gut. Wenn die Lage aussichtslos erscheint – alles ist gut. Wenn die Angst anklopft – alles ist gut. Du kannst nicht tiefer fallen als in die Arme Gottes. Wenn du auf Ihn vertraust, dann kommt dein Herz zur Ruhe.

Nachmittagelang stehe ich da und beobachte meine Kinder bei waghalsigen Klettermanövern. Ich lasse sie nicht aus den Augen, aber ich spare mir jede Mahnung und jede wohlgemeinte Warnung. Manchmal suchen sie meinen Blick und dann lächle ich fröhlich hinauf: Alles ist gut, ich bin da. Und im Vertrauen darauf klettern sie munter weiter. Wenn du vertraust, kommt dein Herz zur Ruhe und alles ist möglich.

Sandra Geissler

Du kannst unbesorgt sein, meine Tochter!

Matthäus 9,22

Ein wirklich guter Tag

Unser
herausfordernder Text
für heute ist
Psalm 90,11-14.

Es ist 5 Uhr 30. Ich bin schon wach. Oder auch nicht? Meine Augen sind geschlossen. Ich kuschele mich in mein Bett, genieße die Wärme und den Gedanken, dass ich JETZT noch nicht aufstehen muss. Eine halbe Stunde darf ich noch liegen bleiben. Es ist ganz still, der Tag hat zwar schon begonnen, aber mein Tag liegt noch vor mir.

Ich lasse die Gedanken schweifen.

Dankbarkeit erfüllt mich. Gott hat es gestern gut mit mir gemeint. Ich erinnere mich an Momente Seiner Gegenwart.

Ein gutes Gespräch mit einer Freundin in Not.

Ein unerwartetes Geschenk.

Sonnenschein.

Ein Parkplatz für mich (ja, ich kam noch pünktlich!).

Da gab es aber auch ein paar Dinge, die nicht so gut gelaufen sind. Die ich heute anders machen würde.

Heute ist ein neuer Tag, er liegt vor mir und will gelebt und gefüllt werden.

Jeder Tag hat seine eigenen Herausforderungen und seine Glücksmomente. Und jeder Tag birgt das Potenzial, ein guter Tag zu werden.

Der Psalm 90 beschäftigt sich mit dem Sinn und der Sinnlosigkeit unseres Tuns und mit unserer Sterblichkeit. Die Tage fliegen nur so dahin, die Mühe des Lebens ist groß. Ab Vers 12 ändert sich die Einstellung des Autors. Jetzt kommt Gott ins Spiel! Er ist derjenige, der uns durch seine Gnade eine Lebensqualität schenken kann, die anders ist als weltliche, vergängliche Dinge.

Der Tag liegt vor mir und ich bitte Gott um ein Übermaß an Gnade. Ich weiß, dass ich Ihn brauche. Ich habe Ihn gerne auf und an meiner Seite. Ich möchte Ihm dienen, brauche seine Zuwendung.

So vergeht eine halbe Stunde im Gebet. Dann stehe ich auf und merke, dass ich fröhlich vor mich hinsumme. Jeden Tag darf ich neu beginnen und mit der Gnade des Herrn wird es ein guter werden!

Renate Schnarr

Mach uns
bewusst, wie kurz
das Leben ist, damit wir
unsere Tage weise nutzen!

Psalm 90,12

Vom Teilen unter Menschenbrüdern

Ganz weit weg
und doch nah dran.
Heute erwartet uns
eine herausfordernde
Geschichte –
sie steht in
Jesaja 58,7-12.

Das Teilen ist eine hohe Kunst. Schon Wilhelm Busch schrieb: „Zu nehmen, zu behalten und gut für sich zu leben, fällt jedem selber ein. Die Börse zu entfalten, den anderen was zu geben, das will ermuntert sein."

Davon kann ich als dreifache Mutter ein Lied singen! Wer an unserem Pfarrhaus vorbeispaziert, vernimmt regelmäßig lautes Gezeter und Geplärre in unserer Einfahrt. Dort steht dann ein Rotz und Wasser heulendes Kleinkind, daneben ein anderes mit hochrotem Kopf und trotzig geballten Fäusten. Einmal hat der eine Bruder den anderen gar von hinten so geschubst, dass dieser sich eine blutige Nase holte. Der Grund dafür war – ein Spielzeugtraktor!

Mit dem gerechten Teilen tun sich nicht nur die Kleinen schwer. In unserem eigenen, so reichen Land klafft ein soziales Gefälle auf, wie wir es lange nicht gesehen haben. Gleichzeitig erleben wir, wie Abertausende von Menschen, die den Preis für unseren Wohlstand durch ihre Lebensumstände bezahlen, an den Toren Europas anklopfen. Das macht Angst, aber Angst ist kein guter Ratgeber. Angst klärt nicht den Geist für konstruktive Lösungen, Angst öffnet nicht den Weg zu Dialog und Verständigung. Angst treibt uns vielmehr dazu, Mauern zu errichten und uns abzugrenzen.

Gott aber hat keine Träume für unser Leben, in denen die Angst regiert. Er fordert uns heraus, mehr Güte zu wagen! Durch Propheten wie Jesaja, Hosea oder Amos hat er der Welt eine starke und begeisternde Vision vom Himmel auf Erden geschenkt, in der das Teilen selbstverständlich ist: „Brich mit den Hungrigen dein Brot, und die im Elend ohne Obdach sind, nehmt bei euch zu Hause auf! (...) Helft, wo ihr könnt, und verschließt eure Augen nicht vor den Nöten eurer Mitmenschen! Dann wird mein Licht eure Dunkelheit vertreiben wie die Morgensonne ..." (Vers 7+8).

Vor einigen Tagen habe ich gesehen, was das heißen könnte. Da schoben zwei kleine Jungen mit vereinten Kräften ihren Traktor unseren steilen Gartenweg hoch. Einer allein hätte es nicht geschafft. Manchmal landeten sie kopfüber im Graben und kugelten sich vor Lachen. Oben angekommen ist der Kleine vorne aufgestiegen, das Lenkrad fest in der Hand. Der Größere hat angeschoben. Dann, aus vollem Lauf, wie ein Bobfahrer, ist er hinten aufgesprungen. In rasender Fahrt sausten die beiden den Hügel runter, mit strahlenden Augen, unter Juchzen und mit wehenden Haaren.

Es gab immer noch nur einen einzigen Traktor für zwei Kinder. Aber wir waren Zeugen eines Wunders geworden – eines Wunders, das „Teilen" heißt. Es ist ein Wunder, das man nicht erzwingen kann, ein Geschenk, das sich Menschen machen, die bereits etwas Wesentliches miteinander teilen: nämlich eine Vision von etwas Großem und Gutem. Die Vision von einer rasanten Fahrt mit einem Spielzeugtraktor, die Vision von einem Deutschland, in dem tatsächlich alle gut und gerne leben, oder auch die ganz große Vision vom Reich Gottes. Du bist reich genug zum Teilen mit deinen Menschenbrüdern, Gott sei Dank!

Anneke Peereboom

Nehmt euch der Hungernden an und gebt ihnen zu essen, versorgt die Notleidenden mit allem Nötigen! Dann wird mein Licht eure Finsternis durchbrechen. Die Nacht um euch her wird zum hellen Tag.

Jesaja 58,10

Er war's. Sie war's.

Lass uns
heute einmal ganz
von vorne anfangen –
bei
1. Mose 3,1-24!

„Warum hast du das getan, Adam? Warum hast du das getan, Eva?“ So fragte Gott die beiden Menschen, nachdem sie die verbotene Frucht gegessen hatten. „Die Frau, die du mir zur Seite gestellt hast, hat mir von dem Baum gegeben“, sagte Adam. „Die Schlange hat mich verführt!“, sagte Eva.

Er war's. Sie war's.

Hätte Adam doch damals zu Gott gesagt: „Tut mir leid, Gott. Ich habe einen Fehler gemacht. Verzeih mir.“ Dann hätte Eva vielleicht gesagt: „Tut mir leid, Gott, ich habe Adam den Apfel gegeben. Adam, es tut mir so leid. Verzeih mir!“ Dann hätte Adam vielleicht gesagt: „Nein, Eva, ich stand die ganze Zeit dabei, als die Schlange mit dir sprach. Ich hätte dich unterstützen und beschützen sollen. Verzeih mir.“ Und dann hätten Adam und Eva sich weinend und küssend in den Armen gelegen. Und die Schlange, die hätte blöd aus der Wäsche geguckt, und Gott hätte jede weitere Befragung auf die Zeit nach den Flitterwochen verschoben. Oder ganz darauf verzichtet.

Aber so war es leider nicht. Adam schob die Schuld auf Eva. Eva schob die Schuld auf die Schlange. Und beide schoben die Schuld somit letztlich auf Gott, der ja der Schöpfer von allem ist.

Ergebnis: Adam und Eva werden aus dem Paradies vertrieben.

Ja, gut, das Leben geht weiter. Adam und Eva bleiben zusammen. Aber es ist ein Verhältnis von Beherrschung und Unterwerfung. Von Sieg und Niederlage. Sie werden zwar für sich sorgen können, aber nur mit Mühe. Mit Stress, Enttäuschung, Fehlschlägen und Missernten, Disteln und Dornen. Kinder werden geboren. Aber unter Angst und Schmerzen. Keine paradiesischen Zustände mehr. Und wenn man sich dann abgearbeitet hat, wird gestorben.

Das Schlimmste jedoch ist: Jeder leidet für sich. Denn die Vertrautheit zwischen ihnen hat schwer gelitten, als sie einander beschuldigten.

So kann es gehen mit unseren Beziehungen. Wir werden rausgeworfen aus dem Paradies.

Jetzt muss der verfluchte Acker bearbeitet werden. Jetzt muss man sich abmühen. Den Preis bezahlen. Die Konsequenzen tragen. Die Verantwortung wahrnehmen und mühsam Vertrauen aufbauen. Fürsorge lernen. Lernen, dass gemeinsames Glück ein hartes Stück Arbeit sein kann. Aber vielleicht auch die Erfahrung machen, dass man es schaffen kann.

Dass man sich gemeinsam investiert. Dass man spürt: Wir hängen aneinander, wir gehören doch zusammen.

Schön war's im Paradies. Aber es gibt keinen Weg dorthin zurück. Gott hat bewaffnete Engel vor den Eingang gestellt.

Andererseits: Was sollen wir im Paradies? Das Paradies ist unbewohnt. Gott ist schon lange nicht mehr dort. Er hat sich auf den Weg in die Wirklichkeit gemacht, um bei Seinen Menschen zu sein. Um bei uns zu sein. Um weiter zu segnen. Zu sorgen. Zu versöhnen. Zu lieben.

Miriam Küllmer-Vogt

Gott ist durch Christus selbst in diese Welt gekommen und hat Frieden mit ihr geschlossen, indem er den Menschen ihre Sünden nicht länger anrechnet. Gott hat uns dazu bestimmt, diese Botschaft der Versöhnung in der ganzen Welt zu verbreiten.

2. Korinther 5,19

Stark wie die Hoffnung

Um Hoffnung geht es heute in **Römer 5, 1-2.5.**

So grün, so frisch, so duftend war es noch nie, denke ich jedes Jahr wieder im Frühjahr.

Im Garten blüht immer zuerst die Magnolie mit ihren großen weißen Blüten, kurz darauf der Kirschbaum. Wenn die jungen Triebe sprießen, steht nach dem langen trüben Winter der Sommer bevor. Es keimt Hoffnung. Aufbruch. Optimismus.

„Wir werden in unserer Hoffnung nicht enttäuscht werden", schreibt Paulus. Denn durch Glauben haben wir Frieden mit Gott. Er gießt seine Liebe in uns. Glaube, Liebe, Hoffnung. Diese drei haben Bestand. Und sie haben Kraft.

Heute klingt vieles hoffnungslos. Im letzten Jahrhundert sind viele Utopien gescheitert, der Klimawandel eilt voran, die weltweite Politik scheint aus dem Ruder zu laufen, Angst und psychische Probleme nehmen zu. Erfüllt uns eine Hoffnung, die auf all das eine Antwort ist? Denn was wäre das für ein Unterschied: Ob ich mutlos den Kopf hängen lasse – oder ob ich voller Mut den Kopf zu Gott erhebe. Ob ich resigniere und tatenlos bleibe oder ob ich erfüllt von Glaube, Liebe und Hoffnung vorangehe, versöhne, verändere. Nelson Mandela verlor auch in 28 Jahren Gefängnis nicht die Hoffnung – und verwandelte sein Land. Mutter Teresa handelte mitten im Leid getrieben von Hoffnung.

In der Bibel stolpere ich immer wieder über diesen Vers: „Wenn euch jemand nach der Hoffnung fragt, von der ihr erfüllt seid, dann gebt bereitwillig darüber Auskunft“ (1. Petrus 3,15). Bin ich von Hoffnung erfüllt?, frage ich mich jedes Mal. Petrus jedenfalls lässt daran keinen Zweifel. Aber welche Hoffnung erfüllt mich? Was genau ist die „Hoffnung des Evangeliums“ (Kolosser 1,23)?

Die frühen Christen stellten die Hoffnung mit dem Symbol eines Ankers dar. Hoffnung hieß für sie: den Anker auswerfen und sich bei Gott einhaken. Wir machen uns fest in seiner Ewigkeit (vgl. Vers 2). Einst wird es eine Welt ohne Tränen geben, in der Gott in Seiner Liebe unbeschränkt regiert: ein Paradies wie ein blühender Garten, in dem das üppige Grün des Lebens wächst. Und es ist, als ranke aus dieser Welt schon hier und da das Grün zu uns herüber. Wer Gott begegnet, atmet etwas von dem frischen Duft, atmet Hoffnung – und bleibt selten unverändert.

Trägt unsere Hoffnung auch in einer Welt aus Trump, Krieg und Klimawandel? Ich frage mich, wie wir von dieser Hoffnung erzählen, wie wir sie leben können, damit sie eine Antwort ist, die trägt, die tröstet, die Mut schafft. Wer Hoffnung hat, drängt nach Liebe, Gerechtigkeit, Schönheit und Heilung im Hier und Jetzt. Denn unsere Hoffnung ist kein Zweckoptimismus: Gott ist an unserer Seite! Paulus nennt Ihn einen „Gott der Hoffnung“ (Römer 15,13). Ich wünsche mir, dass wir inmitten allem Grau Samen aus dem Himmel säen, dass wir kleine Gärten pflanzen, in denen schon jetzt das Leben blüht, das uns in Ewigkeit erwartet.

Anja Schäfer

*Glaube macht fähig,
aus dem Berg
der Verzweiflung
Steine der Hoffnung
zu schlagen.*

Martin Luther King

Von Knoten und Wegen

Vor fast 40 Jahren habe ich sie bekommen – und genauso lange habe ich mit ihr gerungen: Einerseits umgarnte ich sie und hoffte auf ihre Gnade, andererseits verwünschte ich sie innerlich, weil sie mich in den Wahnsinn trieb. Beinahe hätte ich sie zum alten Eisen geworfen, als mir eine Neue zum Ausprobieren angeboten wurde: Deren Leichtigkeit imponierte mir. Sie versprach, dass nun alles unkomplizierter würde.

Voller Hoffnung startete ich mit ihr einen Versuch – der sich als wahre Versuchung meiner Geduld entpuppte. Die Neue war weder hilfreicher noch weniger stur. Da behielt ich lieber meine Alte, denn sie war mir all die Jahre treu geblieben und hatte stets bewiesen: Mit ihr klappt es zwar nicht optimal, aber beständig. Ach, meine gute, alte Nähmaschine ...

Einen Tag danach unterhielt ich mich mit unserer Tochter über mein Experiment, ein paar Kissenbezüge zu schneidern. Zwei Fragen stellte sie mir: „Hast du die passende Nadel genommen? Und hast du die entsprechende Stichart gewählt? Bei Jersey ..."

Oh, da habe ich wohl verwechselt, wer stur ist: Nicht die Nähmaschine, sondern ich war starrsinnig! Obwohl es offensichtlich war, dass es nicht klappte, habe ich es immer und immer wieder auf die gleiche Weise probiert! Heraus kamen nur Frust und ein zweitklassiges Ergebnis.

Ich habe mich gefragt, ob ich nur beim Nähen so dickköpfig bin? Ich fürchte: Nein! Ungeklärte Situationen machen mich kribbelig. Am liebsten hätte ich sie schon gestern erledigt und ins rechte Lot gebracht. Und nach wie vor würde ich stets mit dem Kopf durch die Wand rennen, hätte ich nicht ein bisschen Lebenserfahrung gesammelt: Bete erst einmal – und dann sieh, wie Gott den Weg ebnet.

Genau an diesem Punkt erlebe ich oft Wunder. Fast immer, wenn ich ohnmächtig vor einer Situation stehe und Gott um Hilfe bitte, greift Er ein. Wie oft bin ich erstaunt, weil sich der Knoten so überraschend löst.

Auf diese Weise hat der Pflegesohn einer befreundeten Familie einen Kindergartenplatz erhalten, obwohl es keinen mehr gab. Wir bekamen bei allen Umzügen eine Wohnung, wie wir sie nicht besser hätten finden können. Der Streitfall zwischen zwei Bekannten löste sich in Luft auf. Die Legasthenie eines Nachhilfeschülers besserte sich schlagartig. Und, und, und ...

Inzwischen stelle ich mir in entsprechenden Situationen die Frage: „Habe ich die Macht, selber etwas zu tun?" Lautet die Antwort: „Nicht wirklich ...", dann lege ich den Fall zu Gottes Akten mit dem Vermerk: „Ich kann's nicht!" Und sogar wenn ich etwas ausrichten kann, bete ich erst einmal. Anschließend gehe ich die Sache an oder schaue gelassen zu, wie Gott die Angelegenheit löst.

Nur bei der Nähmaschine, da reagiere ich noch recht kindisch und hole mir keine Hilfe, sondern versuche trotzig, meinen Willen durchzusetzen. Aber vielleicht lerne ich auch hier eines Tages, dass ich mir und meiner Umwelt diesen Stress ersparen kann.

Eleonore Schmitt

Bittet ihn,
und er wird es euch geben.
Dann wird eure Freude
vollkommen sein.

Johannes 16,24

Jahwe Jireh!

Lass dich heute von
1. Mose 22,1-19
herausfordern!

In 1. Mose 22 wird geschildert, wie Gott Abraham auf die Probe stellt. Er soll Isaak opfern, den Sohn, der ihm von Gott selbst verheißen wurde, auf den er so viele Jahre gewartet hat, und den seine Frau Sarah im hohen Alter gebar.

Offensichtlich war diese Forderung Gottes für Abraham gar nicht so ungewöhnlich, denn Kindesopfer waren in den heidnischen Götterkulten der damaligen Zeit gang und gäbe. Warum sollte also nicht sein Gott auch ein solches Opfer fordern?

Was ging wohl in diesem Vater vor, während er den Altar baute, die Holzscheite aufschichtete, die Frage seines Sohnes nach dem Opfertier diplomatisch abwehrte, schließlich sein eigenes Fleisch und Blut fesselte, auf den Altar legte und ... das Opfermesser hob?

„Da rief der Engel des Herrn vom Himmel her: ‚Abraham! Abraham!' ‚Ja?', erwiderte er, und der Engel rief: ‚Halt ein! Tu dem Jungen nichts zuleide! Jetzt weiß ich, dass du Gott gehorchst. Du warst bereit, mir sogar deinen einzigen Sohn zu opfern.'"

Als Abraham aufblickte, sah er einen einzelnen Schafbock, der sich mit seinen Hörnern im Gestrüpp verfangen hatte. Er ging hinüber, nahm das Tier und opferte es anstelle seines Sohnes auf dem Altar. Er nannte den Ort „Der Herr sorgt vor".

Gott stellt Abrahams Gehorsam auf die Probe, indem er sich einer heidnischen Kulthandlung bedient, aber er offenbart sich darin als „Jahwe Jireh“ – als der Versorger! Er ist der Gott, der anschaut, aufpasst, nahe kommt, zuverlässig und sicher ist – im Gegensatz zu den heidnischen Göttern fordert er keine Kindesopfer, sondern wünscht sich Gehorsam, der tiefem Vertrauen entspringt!

Vor einigen Jahren verloren mein Mann und ich aufgrund einer schlechten Anlageberatung eine höhere Summe Geld, die wir damals dringend brauchten. Zu allem Überfluss ging unser Auto kaputt und mein Mann musste mit der Straßenbahn zur Arbeit fahren. Es ärgerte ihn, dass er für jede Fahrt zwei Euro zahlen musste, obwohl der Fahrschein niemals kontrolliert wurde. Er stand kurz in der Versuchung, „schwarz“ zu fahren, entschied sich dann aber widerwillig und mit Gott diskutierend dagegen. Nachdem er zwei Euro in den Fahrkartenautomaten eingeworfen und das Ticket entnommen hatte, hörte er, dass Geld in das Rückgeldfach fiel. Er schaute hinein, und siehe da: das eingeworfene Zwei-Euro-Stück kam als Wechselgeld wieder heraus. Gott hatte dafür gesorgt, dass er ein kostenloses Ticket bekam – „Jahwe Jireh“.

In den nächsten Jahren forderte Gott uns mehrmals heraus, größere Summen Geld oder unser ganzes Erspartes in sein Reich zu investieren. Außerdem mussten wir für unsere eigenen Belange für deutlich höhere Summen Glauben aufbringen. Und jedes Mal fühlt es sich an wie erneutes „Gehen auf dem Wasser“. Erst wenn man den ersten Vertrauensschritt wagt, merkt man, dass „das Wasser trägt“. Herausfordernd – und doch möchte ich die Erfahrung nicht missen, dass Gott versorgt!

Auch heute fordern moderne Götter wie Geld, Reichtum, Materialismus oft ein Opfer. Aber der lebendige Gott ist anders! Ich bin zutiefst davon überzeugt, dass er nicht möchte, dass wir das Opfermesser heben, um unsere Familie, Ehe, Gesundheit oder die gesamte Freizeit dem Mammon zu opfern. Er ist unser Versorger und er versorgt – spätestens rechtzeitig! Jahwe Jireh!

Luisa Seider

Liebe, stärker als der Tod

Heute geht es um nicht weniger als alles – in **Hebräer 9,15 und 26-28.**

Weißt du, was am 14. April 1912 geschah? Es war der Tag, an dem der britische Ozeanriese RMS Titanic auf seiner Jungfernfahrt mit einem Eisberg kollidierte und im Nordatlantik versank. Über 1500 Menschen ließen in dieser Nacht ihr Leben. Die Dramen, die sich an Bord abgespielt haben, können wir uns nur ansatzweise vorstellen.

Wer den Filmklassiker „Titanic" von James Cameron gesehen hat, mag noch vor Augen haben, wie dieser Gigant aus Stahl sich aufbäumt, unter dem Druck in der Mitte birst und in den Tiefen des Ozeans versinkt. Das war wirklich ein Film der absoluten Superlative! Elf Oscars hat er gewonnen und viele Menschen zu Tränen gerührt. Vor allem an dieser einen Stelle: Das Schiff ist in den Fluten versunken. Die Wasseroberfläche bedeckt von panischen Menschen, die im eiskalten Wasser ums Überleben kämpfen. Rose und Jack, gespielt von Kate Winslet und Leonardo di Caprio, das junge Liebespaar, haben Glück: Sie finden eine Holztür, die auf den Fluten treibt. Jack hilft Rose hinauf, bevor er sich hinaufstemmt. Sofort kippt die Tür, beide stürzen ins Wasser. Und es ist ganz klar: Diese Tür kann nur einen von beiden tragen. Jack weiß das. Kurz schließt er die Augen, presst die Lippen zusammen, dann ein leichtes Nicken. In dieser

Sekunde fällt sein Entschluss, sich für Rose zu opfern. Erneut schiebt er sie auf die Tür, verharrt selbst im eisigen Wasser. Er hält ihre Hände. Er spricht ihr Mut zu, während sie auf ein Rettungsboot warten. Jack weiß längst, dass er sterben wird. Das Letzte, was er zu seiner Geliebten sagt, ist: „Du musst mir diese Ehre erweisen. Du musst mir versprechen, dass du überleben wirst, dass du nicht aufgeben wirst. Ganz gleich, was passiert. Ganz gleich, wie hoffnungslos es ist. Versprich es mir und vergiss dieses Versprechen niemals."

Hand aufs Herz: Wer würde nicht gerne so eine Liebe erleben, dass man füreinander sterben würde? Ich habe ja lange geglaubt, so etwas geschieht nur in kitschigen Hollywoodfilmen, nicht in meinem Leben. Genau das aber ist die Botschaft von Karfreitag: Es ist schon geschehen! Es gibt auf dieser Welt einen Menschen, der hat mich so sehr geliebt, dass Er für mich gestorben ist. Es gibt einen Menschen, dem mein Lebensglück – oder, theologischer gesprochen, mein Heil – so sehr am Herzen lag, dass Er sich dafür freiwillig verspotten, verprügeln und an ein Holzkreuz nageln ließ (Hebräer 9,15). Er hat dich und mich und uns alle vor dem Untergang gerettet, Er hat sich für dich und mich und uns alle geopfert und ist an deiner, meiner und unserer aller Stelle gestorben (Vers 26 und 28). Meine Güte – wenn man das glaubt: Wie soll man damit leben? Nun, was Jack von Rose einfordert, ist ein Versprechen: Lass meinen Tod nicht umsonst gewesen sein! Letztlich heißt christlicher Glaube wohl nichts anderes, als Gott genau dieses Versprechen zu geben: Du bist nicht umsonst gestorben! Durch die Art wie ich lebe, gebe ich Dir die Ehre: Weil Du für mich gestorben bist, lebe ich für Dich.

Anneke Peereboom

Denn Gott
hat die Menschen
so sehr geliebt, dass er seinen
einzigen Sohn für sie hergab.
Jeder, der an ihn glaubt,
wird nicht zugrunde gehen,
sondern das ewige Leben
haben.

Johannes 3,16

Bereit zur Wende

Heute wollen wir
Johannes 20,11-18
betrachten.

Jesus lebt! Ich habe ihn gesehen!
Markus 16,11

Ostersonntag auf dem Ijsselmeer. Keine Kirche mit Ostergottesdienst, kein Familienfrühstück im Gemeindehaus, sondern die Masten vieler Schiffe im Hafen von Enkhuizen. Es ist frühmorgens und unter Deck ist noch alles still. Meine „heilige Zeit“, wie ich die Stunde nenne, die ich mit Gott und einem heißen Tee an Deck verbringe, bevor der Trubel beginnt.

In der aufkommenden Morgenröte spielt der frische Meereswind sein Lied in den Tauen und Seilen, dazu das Geschrei der Möwen und das Platschen des Wassers an die schweren Plattboote. Wir haben einen Törn auf der „Maria Magdalena“ gebucht und ich denke an sie: die erste Zeugin, von der die Bibel berichtet, an Liebe und Leid ihres Lebens, an Tod und Auferstehung. Ich schaue in den schweren Großbaum des Schiffes, denke an das Kreuz, an die Last, die Jesus trug, an das Schwere, Unausweichliche in seinem Leben. Und an Maria Magdalena, die bis zuletzt bei ihm war, bereit alles Untragbare mitzutragen und zu schultern. Ich höre im Geschrei der Möwen die Stimmen aus Magdala, die Stadt, die ihr zum Namensgeber wurde. Eine Stadt, die mit den Fingern zeigte auf die psychisch kranke Frau, die von sieben Persönlichkeit beherrscht wurde. Da spüre ich den Windhauch auf meiner Haut. Muss es so für sie gewesen sein, als Jesus sie heilte? Ein Windhauch von Freiheit, der sie mit hinaus ins Leben trug.

Vor uns verlässt ein Schiff den Hafen. Die Mannschaft setzt hinter der Hafenmauer die Segel. Groß und mächtig, wie ein weißer Engel, die Verbindung zwischen Himmel und Erde. Und ich denke an Maria, die den Engeln begegnet und von ihnen erfährt, dass das Grab leer und Jesus auferstanden ist. Wieder darf sie Unglaubliches erleben und Ihm begegnen. Sie hält Ihn für den Gärtner, vermutet, dass Er den Leichnam des geliebten Menschen entfernt hat. Aber Er ist es selbst. Und als Er ihren Namen sagt, dieses „Maria“, so, wie nur Er es immer gesagt hat, da weiß sie, wer es ist.

Ich schaue auf den Horizont. Die Sonne ist aufgegangen, erfüllt die Wellen mit tanzendem Licht. Auch wenn ich es nicht berühren kann, spüre ich in mir die Freude darüber. Eine tiefe Freude wie in Maria Magdalena, die über allen Grenzen des Erlebten hinaus, fern allem Endlichen, erfährt, dass mit dem Tod nicht alles vorbei ist.

Ostermorgen heißt, dass über dem Tod die Sonne aufgeht und das Licht Jesu neu auf unser Leben fällt. Lebenswende! Veränderung ist angesagt, neuer Kurs und neues Land, fremde Orte und Menschen.

Einige Stunden später stechen wir mit der „Maria Magdalena“ in See.

„Klar zur Wende!“, ruft unser Skipper. Natürlich, denke ich, schließlich haben wir heute Ostern.

Hannelore Schnapp

Jesus begegnen

Lass uns über
Matthäus 28,1-10
nachdenken.

Karfreitag steht allen noch genau vor Augen. Jesus, gedemütigt, getötet und begraben. Seine Jünger einsam, verzweifelt, fragend zurückgelassen. War es das jetzt? Ist mit Jesus alle Hoffnung begraben worden? So hatten sie sich das nicht vorgestellt.

Während die Hohenpriester und Pharisäer, die sich an Jesu Ankündigung erinnern, Er werde nach drei Tagen von den Toten auferstehen, auf Nummer sicher gehen wollen und von Pilatus Wachen für das Grab anfordern, hat bei den Jüngern die Verzweiflung über den Glauben gesiegt. Sie ziehen sich trauernd zurück.

Und dann das Osterwunder! Die Ersten, die es hautnah erleben, denen der auferstandene Jesus begegnet, sind Frauen. Zufall oder Absicht?

Ich glaube, Letzteres. Übereinstimmend wird sowohl im Markus- als auch im Lukasevangelium berichtet, dass die Jünger den Frauen nicht glaubten als sie berichteten, was sie am Grab gesehen und erlebt hatten. Waren sie zu tief in ihrem Selbstmitleid versunken? Oder verbat ihnen ihr Verstand, ein solches Wunder – größer als alle bisher mit Jesus erlebten – für möglich zu halten?

Ich bin kein Freund von Schubladendenken. Dennoch: Frauen wird häufig ein leichterer Zugang zum Emotionalen zugeschrieben. Jesus kannte seine Schäfchen. Ich glaube, Er wusste, wem Er ein solch besonderes Erlebnis zumuten konnte. Sicherlich auch nicht jeder Frau. Ich mag die individuelle Art, wie Jesus Menschen begegnet. Den Frauen schickt Er zuerst Engel, einigen seiner Jünger begegnet Er auf ihrem Weg zunächst als fremder Weggefährte, Thomas offenbart Er gar seine Wunden. „Selig sind, die nicht sehen und doch glauben!" – und trotzdem verurteilt Jesus niemanden, sondern gibt jedem, was er gerade braucht und verkraften kann.

Auch in unserer heutigen Zeit begegnet uns Jesus. Nicht leiblich, aber vielleicht durch andere Menschen, durch Träume, Gedanken, die Bibel oder besondere Erlebnisse.

Wo bist du Gott das letzte Mal begegnet? Welcher Typ Mensch bist du? Lässt du dich eher auf dem emotionalen Weg finden oder über den analytischen Verstand? Berühren dich Highlight-Gottesdienste oder findest du Gott eher in der Einsamkeit? Kein Weg ist besser als der andere. Wir wurden als Individuen geschaffen, keine wie die andere.

Hast du (Paten-)Kinder? Bist du Erzieherin oder Lehrerin oder hast du sonst mit Kindern zu tun? Dann würdest du sicher nie auf die Idee kommen, dass jedes Kind gleich ist. Das eine muss die Vokabeln hören, um sie sich einzuprägen, das andere schreibt sie mehrmals ab. Eines braucht ganz viel Wertschätzung und emotionale Unterstützung, das andere weiß sich geliebt, wenn man ihm viel Freiraum und Zeit für sich selbst gibt. Du kennst deine Kinder und weißt, was jedes braucht. Ganz ehrlich, das macht es ja so schön und spannend. Eine Familie kann zehn Töchter haben, keine wird so sein wie die andere.

So weiß auch Gott als unser himmlischer Vater genau, wie wir ticken, was wir brauchen, wie viel er uns zumuten und womit er unser Herz erfreuen kann.

Nicole Schweiger

Der Herr ist auferstanden,
er ist
wahrhaftig auferstanden!

Wertverlust?

Lass dich heute von
2. Korinther 5,14-21
ermutigen!

Als wir in unser Haus einzogen, war das Dachgeschoss noch nicht ausgebaut. Allerdings brauchten wir den Platz als Abstellfläche, und so kam alles, was für die momentane Lebenssituation nicht unmittelbar notwendig war, dahin. So stand jede Menge Zeug zwischen Bauschutt, Werkzeug und Baumaterial und staubte hoffnungslos ein. Nach Möglichkeit mied ich dieses Stockwerk. Musste ich aber doch mal da hoch, dachte ich manches Mal: „Am liebsten würde ich hier einfach alles wegschmeißen!" Was hielt mich davon ab? Aus dem Durcheinander ragte unser Computer heraus. Und auch wenn es inmitten von Staub und Dreck nicht so aussah, wusste ich: Dieses Gerät war wertvoll. Ich kannte nämlich den Preis, den wir seinerzeit dafür bezahlt hatten!

Inzwischen ist unser Dachgeschoss bewohnbar geworden. Decken wurden gemacht, Licht installiert, Böden verlegt, Wände gezogen, Türen ein- und Möbel aufgebaut. Der ganze Krimskrams wurde abgestaubt, abgewischt, sortiert und eingeräumt. Und siehe da: Aus dem ganzen Staub und Schutt kamen noch mehr Dinge zum Vorschein mit materiellem oder ideellem Wert.

Lebenslügen und Selbstanklagen, Versagen und Schuld, Verletzungen bis hin zu Traumata, Sorgen und Lebensumstände, der neidische Vergleich mit anderen und das Idealbild aus der Werbung – all das sind Dinge, die unseren Wert in Schutt und Staub zu legen drohen. Auf diesen scheinbaren Wertverlust reagiert jeder anders. Der eine zieht sich in sein Schneckenhaus zurück, der andere wird zum Pausenclown. Der eine umgibt sich mit Statussymbolen, der andere versinkt in Selbstmitleid. Die eine verfällt in einen Schönheitswahn, die andere lässt sich gehen. Und so weiter.

Äußerlich ist es meistens gar nicht erkennbar, ob die Dinge, die wir tun oder nicht tun, einem Empfinden von Wertverlust entspringen. Aber egal, was wir empfinden oder nicht, was wir über uns glauben oder nicht, was andere uns einreden oder ausreden: Du und ich – wir sind nach Gottes Ebenbild geschaffen! Gott selbst bezahlte einen hohen Preis, als Er Seinen Sohn hier in den Schutt und Staub dieser Welt schickte, damit der sein Leben dafür gab, dass Menschenherzen entrümpelt werden und ihr unvergänglicher Wert zum Vorschein kommt!

Wertverlust? – Fehlanzeige!

„Gott hat Christus, der ohne Sünde war, an unserer Stelle als Sünder verurteilt, damit wir durch ihn vor Gott als gerecht bestehen können.“ (Vers 21)

Dieser unglaublich hohe Preis spricht Bände über den Wert, den wir in Gottes Augen haben. Ist uns das bewusst oder machen wir unseren Wert doch viel zu oft von Nebensächlichkeiten wie Ansehen, Erfolg oder materiellen Dingen abhängig? Wenn ich mir meines Wertes in Christus wirklich bewusst bin, lebe ich bewusst: gegenüber Gott, dem Nächsten und mir selbst.

Hmmm ... ich glaube, in meinem Herzen gibt es auch so ein „Dachstübchen“, das dringend entrümpelt werden muss ...

Luisa Seider

Wenn also ein Mensch zu Christus gehört, ist er schon „neue Schöpfung“. Was er früher war, ist vorbei, etwas ganz Neues hat begonnen.

2. Korinther 5,17

Ganz weit weg und doch nah dran

Heute erwartet uns eine herausfordernde Geschichte – sie steht in **Ruth 1,1-19!**

Immer wieder frage ich mich, wie Naomi wohl gewesen sein muss. Es ist erstaunlich, dass Ruth bereit war, ihre ganze Familie zu verlassen, um ihrer Schwiegermutter zu folgen. Stellen wir uns mal vor, dein oder mein Mann würde sterben. Eine Katastrophe! Die Schwiegermutter beschließt daraufhin, zurück in ihre Heimat zu gehen. Was könnte dich oder mich dazu bewegen, meine Eltern, meine Geschwister, meine Verwandtschaft, ja, meine ganze Heimat aufzugeben? Damals gab es kein Internet, um trotzdem zu kommunizieren. Und auch keine schnellen Reisemittel, um eben mal zu Besuch zu kommen. Nein, als Ruth Naomi gefolgt ist, hat sie alles aufgegeben. Sie entschied sich gegen ihre Familie, ließ sie zurück und folgte Naomi. Also, was hatte Naomi an sich, dass diese junge Frau ihretwegen so viel aufgab? Ruth lässt nicht locker und entgegnet ihrer Schwiegermutter: „...Dein Gott ist mein Gott...!" Das war es also. Hat Ruth durch Naomi Gott gesehen? Naomi scheint ihren Glauben so gelebt zu haben, dass Ruth es zu ihrer obersten Priorität gemacht hat, diesen Gott kennenzulernen. Sie wollte das auch haben, was Naomi hatte. Nun frage ich mich: Wie sieht es in meinem Leben aus? Sehen meine Mitmenschen durch mich Jesus? Wie kann ich meinen Alltag leben, um dies zu erreichen?

Aber auch von Ruth kann ich so viel lernen. Sie war so mutig! Um Gott näher zu kommen, krempelte sie ihr Leben komplett um. Sie war bereit Dinge aufzugeben, die sie von ganzem Herzen liebte. Und sie vertraute. Bin ich bereit, Dinge in meinem Leben loszulassen, die mich davon abhalten, näher zu Gott zu kommen? Es heißt nicht, dass diese Dinge schlecht sind. In Ruths Fall war es ja ihre Familie. Vielleicht überlegst du auch gerade, einen großen Schritt zu wagen, aber er scheint sehr viel zu kosten. Ruth hat er auch viel gekostet. Aber sie wurde belohnt. Die Situation, in der sich die Frau befand, war absolut tragisch. Ruth und ihre Schwägerin Orpa befinden sich beide an einem Tiefpunkt in ihrem Leben. Und gerade in dieser harten Zeit bekommt Ruth die Möglichkeit, Gott kennenzulernen.

Und noch etwas beruhigt mich. Naomi scheint absolut nicht die perfekte Frau gewesen zu sein. Im Gegenteil, sie wirkt verbittert, will sogar bei einem Beinamen gerufen werden – Mara, die, der Bitteres angetan wurde. Und die Tatsache, dass Naomis Familie als wohlhabende Familie ihr Land in einer Hungersnot verlassen hat, legt den Verdacht nahe, dass sie einfach ihr Geld in Sicherheit bringen wollte und womöglich stark auf ihren Wohlstand fixiert war.

Doch trotz ihrer Fehler zeigt sich Gott durch Naomi. Mich stärkt dies ungemein. Denn ich fühle mich tagtäglich unperfekt. Immer wieder scheitere ich. Als Mutter, als Ehefrau, als Freundin. Wie dankbar bin ich, dass Gott mich dennoch gebrauchen kann, um sich durch mich zu verherrlichen! Danke, Jesus!

Katharina Knaub

Wo du hingehst, da will auch ich hingehen. Wo du bleibst, da bleibe ich auch. Dein Volk ist mein Volk, und dein Gott ist mein Gott.

Ruth 1,16

Echte Hoffnung

Lass dich heute
von
Jesaja 40,26-31
trösten
und stärken!

Ursprünglich wurden diese Worte an die Israeliten gerichtet, die sich zu dieser Zeit in babylonischer Gefangenschaft befanden. Ihr Land war besiegt und zerstört worden, sie selbst mussten sich einer fremden Nation unterwerfen und alles zurücklassen, was ihnen lieb und teuer war. Ich stelle mir vor, dass die meisten von ihnen niedergeschlagen, verzweifelt und hoffnungslos waren. Von Stärke und Kraft war nicht viel übrig geblieben. Bang und vielleicht auch etwas bitter fragten sie sich: Wie soll sich das Blatt für uns jemals wieder wenden?

Die Wende kommt nicht immer spektakulär und mit einem großen Paukenschlag. Sie fängt oft unscheinbar und im Verborgenen an: „Alle, die ihre Hoffnung auf den Herrn setzen …"

Offen gesagt, habe ich diesen Halbsatz häufig überlesen. Und doch enthält er den Schlüssel zu der gigantischen Verheißung, die sich daran anschließt. Diese Verheißung ist nämlich nicht daran geknüpft, wann oder wo ich lebe, wie alt ich bin oder was mich gerade beschäftigt. Sie hängt – wie so vieles im Glauben – an meiner Herzenshaltung. An meinem Vertrauen.

Wenn ich den Schritt gewagt habe, mich in Gottes Arme zu werfen und mich ihm anzuvertrauen, dann öffne ich die Tür für Gottes Wirken.

Nicht immer sieht deswegen dann auch alles gleich rosarot aus. Gottes Volk kehrte Jahrzehnte später aus Babylon zurück in die Heimat. Die Israeliten bekamen wieder Freiheit, Würde und Besitz. Aber die Geschichte ihres Landes blieb und bleibt bis heute umkämpft.

Unsere Kämpfe heute sind andere. Und doch erleben auch wir, dass Situationen uns herausfordern und vielleicht sogar das Potenzial haben, uns zu überfordern.

Ich bekomme immer mal wieder von anderen Menschen zugesprochen, dass ich eine starke Person bin. Dieses Kompliment habe ich meistens mit einer Mischung aus Erstaunen und Verwirrung entgegengenommen. Ich weiß ja schließlich, wie schnell ich manchmal an meine Grenzen komme, wie empfindsam und verletzlich ich sein kann. Stark sein ist anders, dachte ich immer. Bis mir klar wurde, dass gar nicht meine eigene Genialität und Super-Power gemeint war. Was andere Leute vielleicht dann und wann in meinem Leben entdecken, ist die Kraft, die kommt, wenn ich am Ende bin:

Wenn der Autismus unseres Kindes uns herausfordert und mit inneren Kämpfen und Schmerz verbunden ist.

Wenn mich ein Schatten aus meiner Vergangenheit einholen möchte.

Wenn die To-do-Liste ins Unermessliche zu wachsen und die Zeit gleichzeitig zu schrumpfen scheint.

Wenn die Tochter ins Krankenhaus muss.

Wenn die eigenen Eltern alt und schwach werden.

Dann gehe ich auf die Knie und bete. Mit meinem ganzen Sein und meiner ganzen Hoffnung klammere ich mich an Gott: „Alle, die ihre Hoffnung auf den Herrn setzen ..."

Und dann – mal ganz plötzlich, mal Monate oder Jahre später – kommt sie, die Wende. Nicht aufgrund magischer Wirkung, sondern deshalb, weil Gottes Nähe mir ins Bewusstsein rückt und manchmal auch spürbar und erlebbar wird. Da, wo ich ihm meine Schwächen, Baustellen, Unzulänglichkeiten und Nöte hinhalte, ist es so, als würde er mir unter die Arme greifen und mich nach oben ziehen.

Barbara Hering

Alle, die ihre Hoffnung auf den Herrn setzen, kriegen neue Kraft. Es wachsen ihnen Flügel wie dem Adler. Sie gehen und werden nicht müde, sie laufen und brechen nicht zusammen.

Jesaja 40,31

Mit Jesus verbunden?!

Bist du bereit
für eine kleine Auszeit?
Lass uns
Johannes 15,1-8
lesen.

Es gibt unzählige Momente in meinem Mamaalltag, in denen ich an die Grenzen meiner Geduld komme. Meistens nehme ich mir nach einer herausfordernden Situation vor, künftig geduldiger zu sein. Doch nicht selten muss ich beim nächsten Mal enttäuscht feststellen, dass ich wieder gescheitert bin.

Kennst du auch solche Momente? Vielleicht wünschst du dir ebenfalls charakterliches Wachstum in bestimmten Bereichen. Oder du möchtest diese Welt verändern, indem du dich in deiner Nachbarschaft oder in sozialen Projekten engagierst. Doch obwohl du dich sehr bemühst, musst du irgendwann feststellen, dass deine Anstrengungen nicht ausreichen. Vielleicht bist du entmutigt oder sogar ausgebrannt.

In unserem Bibeltext spricht Jesus von einem Weinstock mit zwei Arten von Reben: den fruchtbaren und den fruchtlosen. Er selbst ist dieser Weinstock, und wenn eine Rebe mit ihm verbunden ist, bringt sie Frucht. Ist diese Verbindung jedoch unterbrochen, wird die entsprechende Rebe nicht länger mit Nährstoffen versorgt und vertrocknet. Für mich persönlich heißt das, dass all meine Versuche, aus eigener Kraft geduldiger zu werden, zum Scheitern verurteilt sind. Am Ende sind meine „Erfolge" nur von kurzer Dauer. Vielleicht scheine ich eine Zeit lang Frucht zu bringen, doch nur allzu schnell sind meine eigenen Geduldsreserven erneut aufgebraucht. Ohne Jesus können wir nichts tun (vgl. Vers 5).

Sind wir jedoch mit ihm verbunden, werden wir automatisch Früchte bringen. Vater, Sohn und Heiliger Geist (vgl. Galater 5,22-23) schenken uns diese. Das Entscheidende ist unsere Verbindung mit dem Weinstock. Sie ist grundlegend für mein tägliches Ringen um Geduld und für deine Kämpfe in anderen Bereichen. Aber wie bleiben wir mit Jesus verbunden?

In Vers 9 gibt Jesus uns die Antwort: „Wie mich mein Vater liebt, so liebe ich euch auch. Bleibt in meiner Liebe!" Wir bleiben mit Jesus verbunden, wenn wir in seiner Liebe bleiben. Wenn wir sie einfach annehmen. Diese Liebe können wir uns nicht verdienen, indem wir versuchen, besonders gut zu sein. Gott liebt uns bedingungslos und unabhängig von unserer Leistung. Sie zeigt sich insbesondere darin, dass Jesus freiwillig die innige Verbindung mit seinem liebenden Vater aufgab, als er am Kreuz unsere Strafe auf sich nahm. Jesus ließ sich wie eine Rebe vom Weinstock trennen, damit wir für immer mit Gott verbunden sein können. Diese Liebe dürfen wir akzeptieren, dankbar annehmen und täglich über sie nachdenken. Bist du mit Jesus verbunden?

Vielleicht verspürst du aktuell unterschiedliche Arten von Druck. Was auch immer es sein mag: Du darfst darauf vertrauen, dass Jesus dich mit allem Wichtigen versorgen wird, wenn du mit ihm verbunden bist. Vielleicht möchtest du Vers 5 auswendig lernen, um dich im Laufe der Woche immer wieder daran zu erinnern.

Natalie Meyer

Ich bin der Weinstock, und ihr seid die Reben. Wer mit mir verbunden bleibt, so wie ich mit ihm, der trägt viel Frucht. Denn ohne mich könnt ihr nichts ausrichten.

Johannes 15,5

Besuch von Jesus

Lass dich heute
von Jesus überraschen –
wie die Jünger in
Johannes 20,19-23!

*Als die Jünger ihren Herrn sahen,
freuten sie sich sehr.*

Johannes 20,20b

Da war die Kreuzigung. Eine unfassbare Episode, die bis heute als eine der auswirkungsvollsten und krassesten Aktionen der Weltgeschichte bekannt ist. Wie viel mehr muss sie mit den Jüngern, den besten Freunden von Jesus, gemacht haben, die quasi nicht nur live dabei waren, sondern auch noch ganz nah an seinem Herzen waren?! Die Kreuzigung brachte Verwirrung, Fragen, Angst, Unverständnis, Einsamkeit, Traurigkeit und vieles mehr in das Leben seiner Liebsten. Und dann war dieser für tot geglaubte Freund auch noch aus dem Grab verschwunden. Verständlich, dass die Jünger erst einmal auf Rückzug gehen, sich versteckten und die Tür hinter sich schließen. Sich sammeln, nachdenken, zur Ruhe kommen, neu ordnen und neue Kraft schöpfen! Und in diesem ganzen Durcheinander, Scherbenhaufen, Zerbruch und Chaos kommt Jesus und will die Jünger wieder „einnorden", „auf Kurs bringen"! Er hilft ihnen, sich wieder zu sammeln, indem Er ihnen Frieden gibt. Eine Berührung mit dem Heiligen Geist. Das zerpflückte Herz wird geflickt. Er haucht sie an und sie erfahren Heilung und Frieden. Ordnung im ganzen Durcheinander. Innerlich und äußerlich!

Was für ein heilsamer Moment! Wer Streit, Probleme, Leid, Trennung, Krankheit und Tod erlebt hat, weiß, was für ein Durcheinander in Kopf und Herz dadurch entstehen kann! Manche Dinge sind oft so fremdbestimmt. Man wird verlassen oder muss mit einer schlimmen Nachricht klarkommen. Wie die Jünger braucht man Zeit, Ruhe, Abstand und oft einen Ortswechsel, um alle Emotionen zu ordnen. „Da kam Jesus und trat in ihre Mitte." Oh, wie oft, wenn unser kaputtes Herz und die zerrissene Seele sich nach Jesus und Seinem Hauchen, Heilen und Flicken sehnt, wünschten wir uns einen Jesus, der sich einfach neben uns setzt, oder?!

Vielen ist der englische Autor Adrian Plass als humorvoller Autor zahlreicher ironischer, aber auch ernster und tiefgründiger Lektüre bekannt. In vielen seiner Bücher hinterfragt er Christen und Gemeinden und fühlt ihnen auf den Zahn. Immer mit Humor, Kreativität, Wortwitz und Ironie. Allerdings auch gepaart mit Ernsthaftigkeit und dem Heranführen an viele sensible Punkte eines Christenmenschen.

So habe ich sein Buch „Der Besuch" nicht nur verschlungen, sondern auch bis heute immer wieder im Kopf. In dem Buch geht es – ganz kurz gesagt – darum, dass Jesus für einen Besuch in eine Gemeinde kommt. Alles wird auf Hochtouren vorbereitet und jedem ist klar, dass er auf jeden Fall ein Gespräch mit der Gemeindeleitung führen wird, dass er manchen sehr engagierten Mitarbeitern einen Besuch abstatten wird usw. Doch Fehlanzeige! Jesus besucht die Vergessenen, die nicht Gesehenen, die Kinder, die Suchenden, die Obdachlosen, die am Rand Stehenden, die Traurigen usw.

Ganz oft, wenn ich – damals hauptamtlich, heute ehrenamtlich – Gemeindeveranstaltungen vorbereite, muss ich an diese Geschichte denken. Ich bereite immer ganz viele Äußerlichkeiten vor! Keine Veranstaltungen mit meinem Namen ohne Wimpelketten, Deko, Schilder, Flyer, Musik, gute Snacks, leckere Getränke usw. Manchmal schmunzele ich, wenn ich nachts noch irgendwelche Tütchen zusammenbinde und einerseits denke: „Ganz viel Liebe im Detail, weil jeder Einzelne es wert ist", und andererseits: „O Jesus, wie albern findest Du Verpackung und Äußerlichkeiten, ich weiß! Und wenn Du wiederkommst, wirst Du eh nicht zuerst zu mir rennen und die neue Wimpelkette bestaunen, sondern zu Hans, der schon wieder klammheimlich den ganzen Müll rund ums Gemeindehaus eingesammelt hat!"

Aber darum geht es auch nicht! Es ist einfach eine wunderbare Vorstellung, dass Jesus selbst irgendwann ganz real sichtbar kommen oder zumindest da sein wird! Doch vorher schon, im Hier und Jetzt, will Er in unserer Mitte sein. So wie bei den Jüngern in dem Text für heute. Jesus kommt, heilt, berührt, schafft Frieden. Ohne Tamtam, ohne Trara, ohne Deko und Co. Eine Berührung von IHM selbst! Wunderbar großartig! Ich will mehr Besuch von Jesus!

Ines Schobert

Voll begeistert

Lass dich in die Zeit des ersten Pfingstfestes versetzen – **Apostelgeschichte 2,1-13.**

Vor zehn Tagen ist Jesus, unser Herr, in den Himmel aufgefahren und ich, Mila, die ägyptische Haussklavin seiner Jünger-WG, möchte heute am liebsten mal wieder aus der Haut fahren.

Wie das hier schon wieder aussieht! Stühle umgestoßen, Amphoren liegen auf der Erde und das schmutzige Geschirr stapelt sich auf dem Tisch. Und die Herren der Schöpfung kommen gerade nach Hause. Waren wohl in der Stadt im Wirtshaus – was sie für ein Zeug daherbrabbeln!

„Ich kann dir alles erklären!", meint Petrus.

Ich schimpfe auf Ägyptisch, dass selbst der Pharao rote Ohren bekommen würde. Und Petrus redet auf mich ein und redet ... Ägyptisch. Ich kann ihn verstehen. Er spricht meine Sprache. Und ich fange an zu weinen. Vor Zorn oder vor Verwunderung? „Woher und seit wann sprichst du meine Sprache? Warum hast du früher nie mit mir geredet?"

„Weil Gott, der Herr, mich erst seit heute damit beschenkt hat. Mich und alle anderen Jünger auch. Wir alle sprechen jetzt deine Sprache und die der Menschen rund um das Mittelmeer.

Heute nahm der Geist Gottes von uns Besitz wie ein Sturmwind aus Feuerflammen.

Sein Heiliger Geist wohnt in uns und vollendet, was Jesus Christus, unser Meister und

Retter, in uns gepflanzt hat. Seine Saat wird durch den Heiligen Geist nun Frucht bringen. Wir sollen es allen erzählen, Freien und Unfreien, dass Jesus, unser Retter, für unsere Sünden gestorben und auferstanden ist."

„Auch für mich, eine Ägypterin?"

„Ja, auch für dich! Er hilft dir, ein freier Mensch zu sein. Bei Ihm bist du in guten Händen. Ihm kannst du vertrauen. Er ist ein Herr, der dich nie enttäuschen wird."

„Wie kann ich an Jesus glauben?"

„Komm, lass dich taufen. Viele Menschen wollen heute ein neues Leben mit ihm beginnen. Sei dabei, Mila. Wenn du Ihn liebst und von ganzem Herzen an Ihn glaubst, dann gehörst du durch die Taufe zu Ihm."

Ich sehe mich im Hause um. Die anderen Jünger sind schon beim Packen. „Du wirst auch fortgehen, nicht wahr? Und was wird aus mir?", frage ich Petrus.

„Du wirst hier eine neue große Familie bekommen. Sorge dich nicht, denn Gott wird für dich sorgen. Ich muss fort wie die anderen. Gott will mich gebrauchen, mit den Gaben, die ich habe, und mit den Geistesgaben, mit denen er mich heute beschenkt hat. Er zeigt uns den Weg und Er sagt uns, wo und wie wir gebraucht werden."

Seine Begeisterung ist ansteckend. Immer mehr nimmt sie Raum in mir. Mit Petrus verlasse ich das Haus. Vor mir liegt die große Straße und ein bisschen Angst. „Herr, im Geist von Pfingsten beatmest du unser altes Leben neu, entwickelst Gaben und Fähigkeiten in uns, von denen wir vorher nichts geahnt haben. Begleite mich auf dem Weg zu den Menschen. Gib mir Mut, auf sie zuzugehen und von dir zu erzählen. Mach mich bereit, dort Hilfe zu leisten, wo ich gebraucht werde, und mach mich stark, wenn meine Kräfte nachlassen. Sei jetzt bei mir", bete ich.

„Und, was ist mit dir?", fragt Petrus.

Ich werfe einen letzten Blick zurück auf den Müll und den Unrat, der auf dem Boden liegt. Ein Leben wartet draußen auf mich, aufgeräumt wird später!

Hannelore Schnapp

Lass dich dabei von dem Glauben und der Liebe leiten, die wir in Jesus Christus haben. Bewahre diese kostbare Gabe, die dir anvertraut ist. Die Kraft dazu wird dir der Heilige Geist geben, der in uns wohnt.

2. Timotheus 1,13b+14

Gottes Geist holt tief Luft

Zeit für
eine Verschnaufpause:
Römer 8,26-30.

„..“

Ein tiefer Seufzer, der alles zusammenfasst: das Unbefreite, das Unverständliche, das Unsagbare. Alles ungetröstet Gebliebene meines und deines Lebens. Gottes Geist holt tief Luft und seufzt.

Wie stellst du dir das Seufzen des Heiligen Geistes vor? Ist es hoch, ist es tief, ohrenbetäubend laut oder gar markerschütternd leise? Ich vermute, es gibt keinen sprachlich adäquaten Ausdruck. Es ist unaussprechlich. Das Seufzen des Heiligen Geistes liegt nicht im Frequenzbereich menschlicher Ohren. Gottes Geist vertritt uns bei sich selbst. Sein Seufzen geschieht innergöttlich. Es bleibt geheimnisvoll und außerhalb unserer Wahrnehmung. So geheimnisvoll wie die Zusage, dass Gottes Geist in uns wohnt. Ich liebe die christliche Botschaft auch gerade wegen ihrer Geheimnisse. Denn sie entlasten mich und lassen meinen Glauben atmen.

Mich lässt der Vers in Römer 8 in zweifacher Hinsicht aufatmen:

Erstens: Er spricht ganz gewaltig gegen den Zeitgeist, der uns weismachen will, dass Schwachheit in jedem Fall zu überwinden ist. Unabhängig, charakterfest und eloquent sind aus moderner Sicht anzustrebende Attribute eines modernen, erfolgreichen

Menschen. Römer 8 zeichnet ein anders Bild. Der Mensch ist ein Noch-Nicht-Angekommener. Ein sehnsüchtig Wartender. Ein Angewiesener. Und wird es zeitlebens bleiben. Nicht sehr erbaulich auf den ersten Blick. Ich höre darin allerdings eine zutiefst heilsame Zusage: „Ich glaube dir dein Gefühl der Zerrissenheit, Mensch. Ich glaube dir deine Ratlosigkeit, deine Trauer, deine Angst. Deine Sehnsucht ist real. Und sie ist fraglos zur Klage berechtigt." Die christliche Botschaft gibt der menschlichen Klage Raum und Bedeutung. Mehr noch: Gottes Geist ist Mitleidender, Mitatmender, naher Beistand aller Ratlosen. Er ist der Parteinehmende, der alles Beklagenswerte sammelt und es in einem unaussprechlichen Seufzen vor Gott bringt.

Zweitens: Ich muss mich bei Gott nicht schönreden. Ich bin gerettet vom Zwang, mich selbst zu bezeugen, das rechte Gebet zu sprechen, gottgefällige Worte zu finden. Meine hinkenden Gebete werden verstanden. Und das ist für mich eine der schönsten und tröstlichsten Aussagen der Bibel. Unsere Hinwendung zu Gott muss nicht aus der eigenen Kunst gelingen. Fulbert Steffensky schreibt hierzu: „Nicht einmal unsere Gebete gelingen uns, weil sie gut sind, sondern weil sie gehört werden von den Ohren der Liebe."

Getrost dürfen wir davon ausgehen: Der Heilige Geist atmet tief mit uns ein, wenn wir nach Worten ringen, wenn uns die Zerrissenheit sprachlos macht. Der Heilige Geist hält mit uns den Atem an, wenn die Hoffnung dünnhäutig wird und wir auf Antwort warten. Der Heilige Geist atmet mit uns aus und lässt uns das Recht, traurig zu sein, weil er uns die Schwere glaubt. Der Heilige Geist holt mit uns tief Luft vor jedem Wagnis, jedem Neuanfang, nach jedem Abschied. Der Heilige Geist seufzt für uns einen alles in sich zusammenfassenden Seufzer. Das ist die große Trostschönheit unseres Glaubens!

Natasha Hausammann

In gleicher Weise aber nimmt sich der Geist unserer Schwachheit an; denn wir wissen nicht, was wir eigentlich beten sollen; der Geist selber jedoch tritt für uns ein mit unaussprechlichem Seufzen.

Römer 8,26

Scheitern für Fortgeschrittene

Heute wollen wir
Kolosser 3,12-17
lesen.

Die Messlatte für uns Christen scheint hoch zu hängen: herzliches Erbarmen, Freundlichkeit, Demut, Sanftmut, Geduld. Was für ein hoher Anspruch! Wie, bitte schön, soll ich jemals diesen Ansprüchen genügen? Ich scheitere täglich daran. Bin ich ein schlechter Christ oder gar ein schlechter Mensch, wenn es mir mal wieder nicht gelingt, sanftmütig zu sein oder einem Mitmenschen zu vergeben? Wie kann ich damit umgehen, wenn es nicht so klappt mit den christlichen Tugenden und ich dem Idealbild nicht entspreche?

Am besten genauso: mit herzlichem Erbarmen, Freundlichkeit, Demut, Sanftmut und Geduld, die ich mir selbst entgegenbringe.

Ich habe meine eigene kleine Routine für den immer wiederkehrenden Fall meines Scheiterns entworfen. Drei Schritte, die mir helfen sollen, es zunehmend besser zu machen.

Erstens: Ich nehme mein Versagen bewusst zur Kenntnis. Kein Verbannen meiner schlechten Seiten mehr in die hinterste Ecke meines Bewusstseins, denn sie sind ohnehin da, ob ich sie wahrhaben will oder nicht. Ich muss mir mein Scheitern eingestehen. Leider bin ich nicht die Unfehlbare, die ich gerne wäre.

Zweitens: Keine Rechtfertigungen, kein „Es ging nicht anders“, kein Abschieben der Verantwortung auf andere, die mich zu meinem Verhalten gebracht haben. Ich habe immer die Wahl, wie ich mich verhalten will. Also betrachte ich rückschauend mein Benehmen und versuche mich zu verstehen. Wieso habe ich genau diese Reaktion gewählt? Dahinter steckt oft ein guter Grund, der mit Bosheit nichts zu tun hat. Ängste, Verletzlichkeit, Überforderung oder ein nicht erfülltes Bedürfnis nach Anerkennung – das sind einige der wahren Gründe für mein schlechtes Verhalten. Sie sollen keine Ausrede bieten und kein Freischein für ein willkürliches Benehmen sein. Aber sie sollen doch die Tatsache anerkennen, dass meine Gefühle eine Rolle spielen. Wenn ich sie ernst nehme, dann kann ich mit ihnen arbeiten und meine Grenzen überwinden.

Drittens: Wir alle sind fehlbar. Schluss mit Schuldgefühlen, Vorwürfen, Kritik und Scham. Das habe ich lange genug praktiziert. Stattdessen wähle ich Demut, Geduld und Sanftmut mir gegenüber. Schließlich habe ich nicht nur eine Beziehung zu meinen Mitmenschen, sondern auch zu mir selbst. Ich nehme mir vor, es das nächste Mal besser zu machen. Und sollte ich wieder scheitern, dann werde ich es mir erneut vornehmen. Ich bete dafür, die Liebe Gottes annehmen zu können und sie automatisch an meine Mitmenschen weiterfließen zu lassen. Ich bete dafür, mehr darauf vertrauen zu können, dass Gott sich meiner Sorgen und Ängste annimmt und mir so meine Grundlage für meine schlechten Seiten nimmt.

Es ist ein Prozess, der Schritt für Schritt vorangeht. Wir erwarten zu viel von uns, wenn wir heute schon perfekt sein wollen. Wenn ich das verstanden habe, dann kann ich auch das Schlechte in anderen Leuten besser verstehen, verzeihen oder sogar unterstützend wirken, es zu transformieren.

Nicole Sutera

Alle, die sich von Gottes Geist regieren lassen, sind Kinder Gottes. Denn der Geist Gottes, den ihr empfangen habt, führt euch nicht in eine neue Sklaverei, in der ihr wieder Angst haben müsstet. Er hat euch vielmehr zu Gottes Söhnen und Töchtern gemacht. Jetzt können wir zu Gott kommen und zu ihm sagen: „Abba, lieber Vater".

Römer 8,14+15

Behüte dein Herz

Kurz und knackig – aber herausfordernd: **Sprüche 4,23!**

Mehr als alles andere: Salomo formuliert diese Aufforderung mit einer gewissen Dringlichkeit. Es muss von Bedeutung sein, das Herz zu behüten. Die Begründung dafür folgt auch sogleich: Weil aus dem Herzen die Quelle des Lebens entspringt. Das Herz ist also der Sitz der Lebensquelle. Wenn es Schaden nimmt, kann kein Leben mehr fließen.

Die Bibel ist voller Zusagen, dass Gott uns beschützt, behütet und uns hilft. Im obigen Vers haben jedoch wir selber eine aktive, handelnde Rolle. Nicht der Herr, sondern wir sollen die Hüter unserer Herzen sein. Seine Hilfe wird er uns nicht verweigern, aber die Verantwortung liegt bei uns.

Im Gegensatz zu Schicksalsschlägen wie der Verlust einer Arbeitsstelle, eine Krankheit oder Trennung – die „großen Drachen“, wie John Eldredge[1] sie nennt –, finde ich es im Alltag manchmal fast schwieriger, die „Läuse“[2] aufzuspüren. Die kleinen Tierchen sind die ermüdenden kleinen Ärgernisse des Alltags. Manchmal geben sie sich zu erkennen, oft verstecken sie sich aber auch in einem Wust aus Kleinigkeiten, denen wir nicht so schnell auf die Spur kommen. Eine Kollegin brachte eine neue Idee auf einem Gebiet ein, auf dem ich mich als besonders kompetent beurteile. Da waren unsere vier wunderbaren Kinder, die im großen schwedischen Möbelladen ihre allerausgelassenste Seite zeigten und mich mit dem Gefühl zurückließen, ihrem Treiben hilflos ausgeliefert zu sein. Mich wurmt, dass meine Ausbildung für ein bestimmtes Fachgebiet nicht ausreicht. Ich will nicht aus einer Mücke einen Elefanten machen und gehe darüber hinweg. Mein Herz jedoch nicht.

Wenn ich wahrnehme, dass mir Lebensfreude und Kraft abhandengekommen sind, habe ich erlebt, dass es sich lohnt, genau hinzuschauen. Die kleinen Läuse zu packen und ans Licht zu halten, ohne Angst davor, als kleinlich oder überempfindlich zu gelten. Wahr ist, dass sogenannte kleine Dinge große innere Haltungen aufzeigen. John Eldredge schreibt: „Wenn wir uns Zeit nehmen, darüber nachzudenken, stellen wir fest, dass die Läuse unseres Lebens und die Art, [...] wie wir darauf reagieren, beide ein Thema haben, ein Muster, das etwas Wichtiges über unser Herz offenbart, etwas, worauf Gott es abgesehen hat.“[3] Und so nehme ich mir in einem ruhigen Moment einen Stift und mein Tagebuch und schreibe alles auf, was mich bedrückt. Punkt für Punkt. Alles halte ich Gott hin. Wo ich ihm zuhöre, zeigt er mir Herzenshaltungen und Glaubenssätze, die mich am Leben hindern. Hinter dem Ärger über meine Kinder entdecke ich die Angst, eine unfähige Mutter zu sein. Es nicht gut genug zu machen. Ich muss ja gut sein, um geliebt zu werden ... Das Gefühl, von meiner Kollegin rechts überholt zu werden, offenbart mir meine Angst, nicht mehr gebraucht oder nicht mehr als wichtig wahrgenommen zu werden. Diese Entdeckungen sind spannend wie ein Krimi! Wage ich mich an sie heran?

Sonja Sorbara

Mehr als alles, was man sonst bewahrt, behüte dein Herz! Denn in ihm entspringt die Quelle des Lebens.

Sprüche 4,23 (ELB)

[1] John Eldredge: Ganz leise wirbst du um mein Herz. Gießen 2002, Brunnen Verlag, S. 194
[2] Ebenda
[3] Ebenda, S. 196

Das Unsichtbare ist ewig

Heute ermutigt uns
2. Korinther 4,14-18.

Wenn es mittags gegen 11.30 Uhr an unserer Tür klingelt, dann öffne ich in der Regel sehr entspannt, mit freundlichem Lächeln und einem netten Gruß auf den Lippen. Wer oder was auch immer vor der Türe auf mich wartet – ich bin entspannt. Das liegt daran, dass ich bis dahin schon ganz schön fleißig war. Ich habe Frühstück gemacht und wieder weggeräumt, Krümel gekehrt und Betten gemacht, Spielzeuge aufgehoben und das Klo geputzt. Die schmutzige Wäsche ist aufgeklaubt, die Tische und Flächen sind abgewischt, der Staubsauger hat seine Runde gedreht. Sogar die Sofakissen sind aufgeschüttelt. Hunderte kleine Bewegungen und Handlungen, routiniert, da täglich ausgeführt, jeden Tag der Woche in jeder Woche des Jahres. Bei uns sieht es nett aus, nicht perfekt, aber gemütlich. Gerne kann jetzt jemand reinkommen, Platz nehmen und sich wohlfühlen. Ich koche auch einen Kaffee.

Wenn es mittags um 14.30 Uhr an unserer Tür klingelt, dann bekomme ich leicht Schnappatmung und hektische Flecken. Ich öffne die Türe immer noch mit einem freundlichen Lächeln und einem netten Gruß auf den Lippen. Nur entspannt bin ich leider nicht mehr. In den letzten zwei Stunden ist dann in der Regel nämlich ein Orkan durchs Haus gefegt und wirbelt im Hintergrund immer noch munter weiter.

Aus den sorgsam geschüttelten Kissen ist längst eine Burg geworden, eine Piratenhöhle oder eine Kommandozentrale der Feuerwehr. Auf dem Esstisch stapeln sich Hefte zwischen halb ausgetrunkenen Gläsern, und immer, wirklich immer, steht die Klotür auf. Und echt, hier müsste dringend mal jemand saugen. Gerne kann natürlich jemand hereinkommen und versuchen, einen Platz zu finden. Ich fühle mich nur ein bisschen unwohl ... und gehe erst mal Kaffee kochen.

Abends, wenn ich meine Kinder gut zugedeckt und vor allem gesegnet weiß, dann suche ich auf dem Boden ein paar Kissen zusammen und sinke auf dem Sofa nieder. Und nichts ist zu sehen von dem, was ich heute getan habe. Ich kann nichts vorweisen, ich sitze da, mit leeren Händen und müdem Geist. Morgen früh fange ich von vorne an.

„Das Sichtbare ist vergänglich, das Unsichtbare ist ewig."

Nein, ich habe tatsächlich nichts vorzuweisen, was sich greifen ließe. Und doch so viel von dem, was sich eben nicht greifen lässt: tausend drängende Fragen beantwortet, unzählige Male umarmt und geherzt, zotteliges Mädchenhaar vorsichtig entwirrt, vorgelesen und einem kleinen Menschen im Kampf gegen die Dezimalrechnung beigestanden, die Schaukel angestoßen und die Decke festgesteckt, mir Geschichten angehört und nach Lösungen gesucht.

Tausende von kleinen Fäden, gesponnen aus tiefer Liebe, habe ich heute verwoben. Das ist das Einzige, was zählt. Liebe und Hingabe in Hunderten kleiner Bewegungen und Handlungen, in Gesten und Worten. Unsichtbar eingewoben in die Herzen derer, die mir anvertraut wurden. Ich habe es nicht allein getan; der Unsichtbare, der die Ewigkeit und die Liebe selbst ist, war die ganze Zeit an meiner Seite. Er sieht, was ich heute vorzuweisen habe – und ich schätze mal, es ist Ihm relativ schnurz, dass unter dem Tisch noch ein paar Krümel liegen. Ich muss Ihm nicht verschämt die Tür öffnen, Er ist schon da.

Sandra Geissler

Deshalb lassen wir uns von dem, was uns zurzeit so sichtbar bedrängt, nicht ablenken, sondern wir richten unseren Blick auf das, was jetzt noch unsichtbar ist. Denn das Sichtbare vergeht, doch das Unsichtbare bleibt ewig.

2. Korinther 4,18

Schachmatt

Lass dich heute von
Lukas 18,9-14
und
Galater 2,16-21
inspirieren.

*Wer sich selbst ehrt,
wird gedemütigt werden;
aber wer sich selbst erniedrigt,
wird geehrt werden.*

Lukas 18,14

„Und worum wollen wir spielen?“ Unser jüngster Sohn schaute mich fragend an. Wir hatten uns zu einer „Trilogie“ getroffen: Drei Schachspiele, die nicht nur Spaß machen, sondern dem Gewinner obendrein eine Freude bescheren sollten. Nach einigem Hin und Her einigten wir uns darauf, dass der Verlierer den anderen mitsamt Familie beziehungsweise Ehemann einladen und bekochen würde. Nun lohnte es sich erst recht, sich anzustrengen.

Die Eingangspartie entschied unser Sohn für sich. Die zweite zog sich ziemlich in die Länge, bis ich das ausschlaggebende Wort sprach: „Schachmatt!“ Das Entscheidungsspiel dagegen fiel kurz aus. Bereits nach wenigen Zügen verkündete Manuel lächelnd: „Das Essen kochst du und wir kommen!“ Tatsächlich, er hatte gewonnen ...

Da wir weiterhin etwas Zeit hatten, stellte er mir die App „Schachprobleme“ vor. Er wählte eine bestimmte Situation aus, die ich lösen sollte. Eine äußerst knifflige Angelegenheit! Bald merkte ich, dass ich nur gewinnen konnte, wenn ich meine beiden besten Figuren aufgab. Wie schwer fiel mir diese Entscheidung! Doch ich ließ von meinen wenigen noch vorhandenen Figuren zwei schlagen und verzichtete auf ihren Nutzen – und gewann!

In den nächsten Tagen kam mir öfters dieser Widerspruch in den Sinn: Wer nicht seine Trümpfe aufgibt, der verliert. Beim Schach reicht es nicht, gut gewesen zu sein oder am Ende viele Figuren vorweisen zu können. Nein, es kommt auf den König an, ob dieser siegt.

Auf Vorzüge verzichten: Ganz elementar wird diese Tatsache, wenn es um unsere Rechtfertigung vor Gott geht. Nichts, aber auch gar nichts kann mich vor Gott angemessen dastehen lassen, egal wie gut ich bin. Solange ich meine Rechtschaffenheit, meine geübte Liebe und meine vermeintlich saubere Weste als Sicherheit ins Feld führe, verliere ich. Doch sobald ich sie beiseitelege und ausnahmslos auf Jesus, den König, setze, gewinne ich und bekomme den Preis. Schließlich hat Er schon längst die vollkommene Gerechtigkeit für mich erkämpft!

Deshalb gilt genauso: Auch meine mangelnden Tugenden hindern mich nicht am Sieg! Im Gegenteil: Da Jesus durch seinen Sühnetod am Kreuz unsere Entlastung wurde, spielen Fehler und Fehlverhalten keine Rolle mehr. Da darf ich wie der Zöllner im Tempel an meine Brust schlagen und bitten: „Gott, sei mir Sünder gnädig!“

Fragen, die ich diese Woche immer wieder einmal bedenken will: Auf welche vermeintlichen Pluspunkte bin ich stolz? Welche scheinbaren Minuspunkte machen mir ein schlechtes Gewissen und wollen mir die Freude an meiner Erlösung rauben?

Eleonore Schmitt

Gottes Sicht der Dinge

Einen
wirklich aufbauenden
Text liest du
heute in
Hesekiel 37,1-6.

Worte haben Macht:
Sie können über Leben und Tod entscheiden.
Wer sich gerne reden hört, muss mit den Folgen leben.

Sprüche 18,21

Das Bild, das die Bibel uns hier zeichnet, ist nicht wirklich schön: ein Feld voller Totengebeine. Öde, Leere und Tod. Gott lässt Hesekiel diese Hoffnungslosigkeit begutachten, und gibt ihm dann den Schlüssel zum Leben: Er soll die Worte Gottes über diesen Totengebeinen aussprechen: „Ich will, dass ihr wieder lebendig werdet, und dass ihr erfahrt, dass ich Gott bin." Wer den Text kennt, weiß: Die Totengebeine werden wieder lebendig. Zuerst rücken sie zusammen, dann kommen Fleisch und Sehnen dazu, und zum Schluss werden sie mit Lebensatem gefüllt, stellen sich auf die Füße und sind ein großes Heer.

Was wäre wohl geschehen, wenn Hesekiel sich so hoffnungslos gefühlt hätte, dass er nicht imstande gewesen wäre, die Worte Gottes auszusprechen? Wenn er sich depriemiert abgewandt hätte, weil er der sichtbaren Realität mehr geglaubt hätte als dem Willen Gottes, der sich in seinen Worten offenbart hatte?

Gottes Perspektive ist immer Leben und Hoffnung, aber oft kommt uns das unglaublich und fast etwas irrsinnig vor. Das Sichtbare schreit uns nämlich „Hoffnungslos!" und „Sinnlos!" laut ins Gesicht. Zur Untermauerung führt es logisch erscheinende Argumente an: wie lange ein Zustand niederschmetternd, wie verfahren eine Situation und wie unlösbar ein Streit doch ist. Und wir glauben es, weil wir entmutigt und zermürbt sind.

Worte haben Macht: Sie können über Leben und Tod entscheiden. Bei Hesekiel wird dieses Prinzip so deutlich wie fast nirgendwo sonst: Aufgrund der ausgesprochenen Worte Gottes kommen Leben und Atem in die Totengebeine.

Was wäre, wenn ich heute Gottes Sicht für meine kleinen, anstrengenden Alltagssorgen erbitten würde? Und wenn ich dann, anstatt Gott meine Umstände zu erklären, meine Umstände über den Willen Gottes informieren würde?

Was wäre, wenn ich nicht zuerst den Glauben dafür hätte, sondern, wenn auch zögerlich und zweifelnd, aber trotzdem entschlossen, Gottes Willen über meinem Leben aussprechen würde?

Was wäre, wenn ich täglich im Kleinen oder im Großen üben würde, die Perspektive meines allmächtigen Gottes einzunehmen?

Was wäre, wenn ich dem Wort Gottes mutig und entschlossen glauben würde? Mehr als meinen Umständen?

Sonja Sorbara

Bei euch aber soll es nicht so sein

Die Aufforderung, einen Unterschied zu machen, lesen wir heute in **Markus 10, 35-45.**

Es gibt wenig Schriftstellen, die mich über lange Zeit so begleitet haben und immer noch begleiten wie dieser eine Satz: „Bei euch aber soll es nicht so sein." Die Situation, die uns vorweg im Markusevangelium geschildert wird, ist ja mal wieder urmenschlich. Jakobus und Johannes treten ganz offen mit der Bitte an Jesus heran, in Seinem Reich rechts und links von Ihm sitzen zu dürfen. Dass die anderen Jünger sich so sehr über diese Bitte aufregen, zeigt ja nur, dass sie im Grunde denselben Wunsch hatten, aber nur zu feige waren, ihn auszusprechen. Besser sind sie also auch nicht. Und sind wir mal ehrlich: Besser sind wir doch im Grunde auch nicht ;-). Als die Jünger-Bande sich daraufhin wohl so richtig „in die Haare" kriegt, da ruft Jesus sie zu sich und macht ihnen ganz ruhig und unmissverständlich klar, worauf es im Reich Gottes wirklich ankommt ...

Dieser Satz „Bei euch aber soll es nicht so sein" – er kommt mir oft in den Sinn in Situationen, in denen ich mal wieder fürchte, in irgendeiner Weise zu kurz zu kommen, missverstanden oder übergangen zu werden. Ich empfinde ihn manchmal wie eine Trillerpfeife, mit der Jesus mich immer wieder zu sich zurückpfeift, mit der Er mich wieder auf das Wesentliche stupst, auf das, was wirklich ins Leben führt, worauf es wirklich ankommt. Klar sind damit die inneren Kämpfe und Negativ-Gefühle nicht einfach so weggepustet (schön wär's!), aber trotzdem ist innerlich der Ring frei für den Kampf gegen das, was mich am Leben hindert, anstatt mich wirklich glücklich zu machen – und eben nicht den Kampf gegen meine Mitmenschen.

Jörg Zink schrieb einmal einen Gedanken zur christlichen Gelassenheit, der zwar schon ziemlich radikal ist, aber doch – wie ich finde – einen echten Weg zum inneren und äußeren Frieden beschreibt:

„Uns ist ein Auftrag gegeben: Wir leben in der Liebe Gottes und sollen sie für andere spürbar machen. Wir sind Saat für das Reich Gottes und für seine Gerechtigkeit. Das ist der Sinn unseres Lebens. Es kann sich also durch uns in dieser Welt etwas ändern. [...] Niemand steht über dir außer Gott allein. Du kannst also für deine Überzeugung stehen gegen jeden Trend und jede Macht. Liebe und geh an deine Arbeit. Du wirst nicht nach ihrem Sinn fragen müssen. Und so stehen wir wieder auf der Straße und haben ein Leben vor uns, das uns, wie Jesus sagt, glücklich machen wird. Wolle also glücklich sein. Um dies aber zu erreichen, darf dir dein eigenes Glück nicht das einzige Ziel sein, sonst wird es dir immer wieder aus der Hand gleiten. Mühe dich darum, das Glück der Menschen um dich her zu stärken, so wirst du das bleibende Glück finden. Das bleibende Glück ist freilich, wie alles, was dir gelingt, eine Gnade von Gott.

Aus alledem geht hervor, dass es bei der Ethik, die Jesus uns zeigt, weniger um das geht, was wir tun, was wir erreichen, was wir bewirken können, sondern vielmehr um das, was wir lassen können, ohne dabei irgendetwas zu verlieren. Es geht um ein Lassen, das aus der großen Gelassenheit kommt, die eine Frucht des Glaubens ist.“[1]

Sr. M. Ursula Hertewich

Mühe dich darum, das Glück der Menschen um dich her zu stärken, so wirst du das bleibende Glück finden.

Jörg Zink

[1] Jörg Zink, in: Publik-Forum 2/2003

Luftikus

Lass dir
heute von
Psalm 139
Mut machen!

„Was ist, wenn mein Kind die Treppe heruntergefallen ist und sich den Kopf aufgeschlagen hat? Vielleicht steht schon der Krankenwagen vor der Haustür?", die verrücktesten Gedanken schossen mir durch den Kopf, während ich ungeduldig an einer roten Ampel wartete. Meine Einjährige habe ich der Obhut der Großeltern überlassen. So konnte ich in Ruhe einen Arzttermin wahrnehmen und mit Kind Nr. 2 im Bauch durch die Stadt bummeln. Eigentlich tat mir die fast-kinderfreie Zeit ganz gut, hätte mir meine Fantasie auf der Rückfahrt keinen Streich gespielt. Endlich angekommen, sprang ich schnell aus dem Auto, klingelte und ... erblickte mein Kind. Erleichtert umarmte ich meine Tochter, küsste sie und freute mich auf ihre Reaktion.

Aber ... nichts. Oma war ja da. Mein Kind war vertieft ins Spiel mit Oma.

Luft. Wie Luft. Genauso fühle ich mich. Manchmal.

Einige Jahre und zwei weitere Kinder später gestehe ich: Meine „Ich-fühle-mich-wie-Luft"-Momente haben zugenommen. Zum Beispiel, wenn ich morgens zur Eile mahne, damit wir rechtzeitig aus dem Haus kommen, oder wenn ich zum Spielsachen-Aufräumen auffordere. Meine Worte verhallen, als hätte ich nichts gesagt. Als wäre ich gar nicht da. Aber wehe, ich bin zwei Minuten auf dem stillen Örtchen. Sofort wird nach mir gerufen, werden die Koordinaten meines Aufenthaltsortes bestimmt.

Meine Anwesenheit ist Standard. Fehle ich, falle ich auf – wie Luft eben. Und bei näherem Hinsehen stelle ich fest: Die Luft, ohne die ich nicht eine Sekunde leben kann, ist der Atem Gottes. Er ist derjenige, der mich und uns alle zu jeder Zeit in seinen Händen hält.

Gottes Gegenwart, Liebe und Fürsorge sind nicht davon abhängig, ob ich Ihn immer bewusst wahrnehme oder immer in Lobpreis-Laune bin; noch nicht einmal davon, ob ich mich vor Ihm verstecken möchte!

Wenn Gott meine „Luft" ist, welche Ehre ist es dann, dass ich für meine Kinder „Luft" sein darf! Wie schön, dass sie sich so geborgen und sicher fühlen und wissen: Mama rennt nicht einfach weg, wenn die eine schreit und der andere das Bad mit Malseife „putzt".

Dass wir füreinander lebenswichtige „Luft" sind, merken wir in kleinen Alltags-Momenten beim gemeinsamen Lachen und Albern und in „großen" Momenten wie einem Sonntagsausflug oder Familienurlaub. Wir müssen nicht ohne einander leben! Gerade die kleinen Momente machen unsere Beziehung tragfähiger als die seltenen großen.

Deshalb will ich mich fragen: Wie kann ich in meinem turbulenten Alltag, in dem ausgedehnte Qualitäts-Zeiten mit Gott oft zu kurz kommen, Qualitäts-Momente schaffen, in denen ich mir der Luft um mich herum – der Gegenwart Gottes – bewusst werde und mich an ihr freue?

Vielleicht genauso wie mein kleiner Sohn gerade: Er wirft mir nämlich einen Luftkuss zu!

Luisa Seider

Von allen Seiten umgibst du mich, ich bin ganz in deiner Hand. Dass du mich so durch und durch kennst, das übersteigt meinen Verstand; es ist mir zu hoch, ich kann es nicht fassen. Wohin kann ich gehen, um dir zu entrinnen, wohin fliehen, damit du mich nicht siehst?

Psalm 139,5-7

Frau Weisheit bittet zu Tisch

Heute wollen wir über
Sprüche 9
nachdenken.

Alle Weisheit beginnt damit,
dass man Ehrfurcht vor
dem HERRN hat.
Den heiligen Gott kennen,
das ist Einsicht!

Sprüche 9,10

Die Weisheit hat ihr Haus gebaut ... und nun folgt die Einweihungsparty! Ein lauer Sommerabend. Bester Wein wird aufgetischt, bestes Essen kredenzt.

Die Weisheit ... das ist die, die schon vor Beginn der Welt zu Füßen Gottes spielte. Sie ist Gottes Liebling. Sie war dabei, als Gott die Welt erschuf, und sie hatte ihre Freude an den Menschenkindern. Und nun bittet sie die Menschen zu Tisch. Und zwar wen? Die Unverständigen und die Toren. Die noch nicht wissen, wo es langgeht. Die sich noch nicht altklug zurücklehnen. Die noch nicht auf alles eine Antwort wissen und diese den anderen um die Ohren hauen. Die nicht spottend und verneinend auf alle und alles herabblicken. Sondern die Unverständigen. Die noch Fragen stellen. Die noch Hoffnung haben. Die noch staunen können. Sie werden eingeladen, bei der Weisheit zu Tisch zu sitzen, ihr zuzuhören und von ihr zu lernen.

Zwei Gedanken dazu.

Zunächst: Wäre am Tisch der Weisheit Platz für dich? Oder anders gefragt: Wäre in deinem Herzen, in deinem Denken Platz für die Worte der Weisheit? Wäre in deinem Terminkalender Platz für eine solche Einladung?

Vielleicht rümpfst du jetzt die Nase: Wie soll in meinem Kalender noch Platz sein für einen schönen Abend? Wie soll in meinem Hirn noch Platz sein für Worte der Weisheit? Ich bin dicht. Andererseits „muss man ja auch noch Zeit haben, einfach dazu sitzen und vor sich hin zu schauen“. So die Schriftstellerin Astrid Lindgren, die die Welt immer wieder mit den Augen eines Kindes betrachtete.

Frau Weisheit lädt zu Tisch. Ein lauer Sommerabend. Komm dazu! Erlaube dir selbst, mal wieder durchzuatmen. Mit offenem Herzen, mit wachem Verstand und den staunenden Augen eines Kindes die Welt zu sehen. Darauf liegt eine große Verheißung: Jesus Christus verspricht denen, die werden wie die Kinder, das Himmelreich.

Zum Zweiten: Lass uns doch auch als Gastgeberin von der Weisheit lernen! Umgeben wir uns nicht mit Menschen, die dem Leben unverrückbar und unbelehrbar gegenüberstehen, einzementiert in ihre Überzeugungen. Mit denen lassen sich keine neuen Wege finden. Mit denen lässt es sich nicht gut lachen und staunen. Laden wir doch die Menschen ein, die sich, mit uns gemeinsam, um den Tisch der Weisheit versammeln. Offen. Vertrauensvoll. Erwartend. Lasst uns mit der Weisheit zu Gottes Füßen spielen. Lasst uns dabei sein, wenn Gottes Schöpferkraft die Welt erneuert.

Miriam Küllmer-Vogt

Ein Herz und eine Seele

In die Zeit
der ersten Gemeinde
reisen wir heute in
Apostelgeschichte 4,32-37.

Hand aufs Herz, bei dieser Beschreibung der ersten Gemeinde bekommen wir ein wohliges Gefühl, oder? Hier wird ein Umgang miteinander beschrieben, der zutiefst unsere Sehnsucht nach einer perfekten Gemeinde beschreibt, oder?! Ein Miteinander, geprägt von Wohlwollen, Umsicht, Teilen und Harmonie! Ein Geben und Nehmen. Habgier, Neid und Egoismus Fehlanzeige! Wie oft höre ich den Satz: „Es gibt einfach keine perfekte Gemeinde." Das mag stimmen, es tröstet mich nur bedingt. Schließlich hat Jesus zutiefst die Sehnsucht nach einem Umgang miteinander in uns hineingelegt, der IHM entspricht. So wie es in Vers 33 heißt, beschenkt Gott die Gemeindemitglieder mit dem Heiligen Geist, der sie dazu befähigen möchte, nicht menschlich zu handeln, sondern jesusähnlich! „Die ganze Gemeinde war ein Herz und eine Seele." Ach, das wäre so schön, wenn wir das auch von unseren Gemeinden sagen könnten! Selbst bei Kindern beobachte ich das sehr oft. Wie gerne würden wir von unseren Kindern sagen: „Sie teilen, sie lieben sich, sie freuen sich aneinander, sie geben ab und sie nehmen sich selbst zurück, damit es dem anderen gut geht." Solche Phasen gibt es zwar manchmal (am Tag). Aber stattdessen ist da oft doch so viel „einfach menschlich!" – wie im Job, in Vereinen, Nachbarschaften,

Verwandtschaft usw. Doch Gemeinden sollten doch anders sein!

Ich habe schon viele Gemeinden und Gemeinschaften kennengelernt, die einmal mit einem großen Ziel und vielen Visionen begonnen haben. Umso größer eine Gemeinschaft wird, umso mehr braucht sie eine Organisationsform. Mit dieser kommen oft Strukturen, die eine Rangordnung mit sich bringen und oft auch viele Themen, die so gar nicht bei der Gründung (mit viel Idealismus, Leidenschaft, Herzensanliegen usw.) mit im Fokus waren ... Diese überschatten oft Herz und Seele!

Gemeinde kommt von Gemeinschaft. In welcher Gemeinschaft erlebst du einen Umgang, der geprägt ist von Herz, Seele, Wohlwollen und Teilen? Gibt es eine Gruppe von Menschen oder eine Konstellation in deinen Freundschaften, Familie, Verwandtschaft oder Nachbarschaft? Lasst uns uns ausstrecken nach Begegnungen, Beziehungen und Gemeinschaften, die jesusähnlich sind und Herz und Seele guttun! Lasst uns Gemeinschaft mit IHM selbst suchen. Den Heiligen Geist einladen, unser Herz zu füllen mit der Fähigkeit, wohlwollend, teilend und umsichtig zu sein. Lasst uns ganz konkret eine Gemeinschaft (Freundschaft, Ehe, Hauskreis ...) darum bitten, sich neu dafür zu entscheiden, anders – jesusähnlich! – miteinander unterwegs zu sein. Hör auf dein Herz! Wonach sehnst du dich? Öffne diesen Menschen dein Herz. Erzähle ihnen von deiner Sehnsucht, einen jesusähnlichen Lebensstil als Mini-Gemeinde zu üben. Erzähle von deinem Herzen und der Sehnsucht deiner Seele. Ich glaube, dass viele Christen, besonders Frauen, eine Sehnsucht haben, einen Umgang miteinander zu pflegen, wie er in diesem Teil der Apostelgeschichte beschrieben wird! Und jede Veränderung beginnt bekanntlich bei einem selbst.

Also, teile du, gönne du, verzeihe du, liebe du, gebe du, umarme du, lache du, bete du!

Ines Schobert

Wie schön und angenehm ist es, wenn Brüder und Schwestern in Frieden zusammenleben!

Psalm 133,1b

Bist du bei Gott zu Hause?

Heute lesen wir die Gleichnisse in **Lukas 15,1-3; 11b-32.**

Woran erkennen wir, dass wir bei Gott zu Hause sind? Daran, dass wir unser Leben im Griff haben und Gott uns segnet?

Ein anstrengender Tag liegt hinter mir. Irgendwie war der Wurm drin. Den ganzen Tag lang sehnte ich mich danach, Gott zu erfahren. Sein Eingreifen zu sehen. Stattdessen hatte ich jedoch den Eindruck, dass nichts geschah. Ich fühlte mich Gott fern, obwohl Er doch mein liebender Vater ist. Bin ich etwa nicht bei Ihm zu Hause?

Jesus stellt uns in diesem Gleichnis zwei Möglichkeiten vor, wie man von Gott entfremdet sein kann: durch bewusste Entscheidung und durch den Stolz auf die eigene Leistung.

Der jüngere Sohn verlässt sein Zuhause. Den Vater möchte er nicht, wohl aber dessen Geld. Der verlorene Sohn. Währenddessen arbeitet der ältere gewissenhaft für den Vater. Er lässt sich nichts zuschulden kommen. Der „gute" Sohn, oder? Als der Vater die Rückkehr des verlorenen mit einem großen Fest feiert, offenbart die zornige Reaktion des älteren Sohnes jedoch die wahren Motive seines Gehorsams: „All diese Jahre habe ich mich für dich abgerackert. Alles habe ich getan, was du von mir verlangt hast. Aber nie hast du mir auch nur eine junge Ziege gegeben, damit ich mit meinen Freunden einmal richtig hätte feiern können." (Vers 29)

Der ältere fühlt sich ungerecht behandelt. Anders als sein Bruder hat er stets seine Pflicht erfüllt. Folglich muss der Vater ihm etwas schuldig sein! Doch genau dieser Stolz auf seine guten Taten ist es, der den älteren Sohn von dessen Liebe trennt. Im Grunde ist er ebenso vom Vater entfremdet wie sein Bruder. Beide sind mehr an den Gaben des Vaters interessiert als an ihm selbst. Die zwei verlorenen Söhne. Nicht nur falsches Verhalten, sondern insbesondere auch Selbstgerechtigkeit trennt uns von Gott.

Manchmal bin ich wie der ältere Bruder: Wenn mein Leben nicht so läuft, wie ich es mir vorstelle, bin ich frustriert. Anstatt mich über Gottes Güte im Leben meines Nächsten zu freuen, reagiere ich enttäuscht über meine scheinbare Benachteiligung. Geht es dir manchmal ähnlich?

Von einem guten älteren Bruder wünschen wir uns ein aufrichtiges Mitfreuen. Aber eigentlich zusätzlich, dass er den verlorenen sucht. Jesus selbst ist dieser ältere Bruder. Um uns nachzugehen hat Er keine Kosten und Mühen gescheut. Am Kreuz wurde Jesus vom Vater verlassen, damit wir in offene Arme laufen können. Sein Tod war ein unvorstellbar hoher, aber notwendiger Preis, um uns nach Hause zu bringen. Wir müssen nicht länger versuchen, uns Gottes Liebe und Seine Segnungen zu verdienen. All unsere Schuld ist bezahlt: unsere Fehler und unsere Selbstgerechtigkeit. Wir dürfen völlig auf Jesu Liebe und Gerechtigkeit vertrauen. Er allein ist es, der uns mit Gott versöhnt und uns nach Hause bringt.

Es mag Tage geben, an denen es sich nicht so anfühlt. Aber selbst an den chaotischsten Tagen darf ich mich daran erinnern, dass ich durch Jesus zu Hause bin. Durch Ihn allein. Bist du bei Gott zu Hause?

Wie verändert sich unser Alltag, wenn wir Jesus als unseren wahren älteren Bruder betrachten?

Natalie Meyer

Wir haben allen Grund, fröhlich zu feiern.

Lukas 15,32

Von Splittern und Balken

Heute fordert uns Lukas 6,36-42 heraus.

Meine Kinder sind pubertär. In diesem Lebensabschnitt bevorzugen sie offensichtlich die Horizontale. Sie liegen liebend gerne im Bett und tun dabei gar nichts. Und das zu jeder Tageszeit, sehr ausgiebig und auch dann, wenn eigentlich Hausaufgaben, Haushaltspflichten oder andere anstrengende Dinge getan werden sollten.

Ich persönlich neige dazu, das faul zu nennen und mich über die Faulheit meiner Teenager aufzuregen. Neuerdings habe ich jedoch den Entschluss gefasst, auf diese ganz konkrete Alltagssituation ein Wort Jesu anzuwenden:

„Wie kannst du sagen zu deinem Bruder: Halt still, Bruder, ich will dir den Splitter aus deinem Auge ziehen, und du siehst selbst nicht den Balken in deinem Auge? Du Heuchler, zieh zuerst den Balken aus deinem Auge, danach kannst du sehen und den Splitter aus deines Bruders Auge ziehen."

Wahrscheinlich hat Jesus mit dieser Aussage schwerwiegendere Fälle von Verurteilung adressiert als mein Urteil über meine faulen Kinder. Aber was im Kleinen gelingt, lässt sich auf Größeres leichter anwenden. Und so ist meine individuelle Faulheitsgeschichte ein Lernanfang und eine Interpretationshilfe für Jesu Wort über das Richten.

Der Balken im Auge heißt, dass die Sicht auf etwas versperrt ist. Um einen anderen

Menschen wirklich zu sehen und beurteilen zu können, sollte man zuallererst den eigenen Blickwinkel kennen. Was ist es, das ich nicht sehe? Welchen anderen Blickwinkel kann ich einnehmen?

Für meinen Fall habe ich zwei Wege entdeckt, eine neue Sicht zu erlangen.

Zum einen: Ist mein Urteil vorschnell? Hat das, was ich als faul verurteile, möglicherweise gar nichts mit Faulheit zu tun? Steckt etwas ganz anderes hinter dieser Antriebslosigkeit? Vielleicht braucht dieser Mensch Hilfe. Vielleicht hat dieser Mensch seinen Weg verloren, trauert um etwas, findet keinen Lebenswillen, ist depressiv oder hat andere Sorgen. Oder vielleicht ist er einfach pubertär und kann wirklich gerade nicht anders.

Zum anderen ist oftmals das, was wir an unseren Mitmenschen verurteilen, etwas, das wir uns selbst nicht erlauben. Und tatsächlich bin ich eine, die gerne Leistung erbringt und sich daran erfreut, lange To-do-Listen abzuarbeiten. Man sollte nicht faul sein – das ist meine Denkweise und ich verstoße selten gegen diesen Grundsatz. Meine Grenzlinie zu dem, was ich als Faulheit betrachte, ist vermutlich eng gesteckt. Enger als bei den meisten Menschen?

Letztens, als mein Kind mal wieder nichts tuend im Bett lag und ich merkte, wie ich begann, mich darüber zu ärgern, da fragte ich mich: Wie würden andere hier urteilen? Reagiere ich möglicherweise mit besonderer Härte? Welchen Maßstab will ich ansetzen? Und plötzlich dachte ich, zur Abwechslung könnte ich mir selbst liebend etwas zugestehen, mir eine Pause gönnen, mir erlauben, einfach faul zu sein. Ich setzte mich mit einem Cappuccino auf die Couch. Es war eine schöne Erfahrung.

Neuerdings verurteile ich es daher nicht mehr, wenn meine Teenager faul sind. Im Gegenteil, ich betrachte es als Einladung, meine To-Dos ruhen zu lassen und keine Leistung zu erbringen. Und ich kann sagen: Meine neue Sichtweise verschönert das Zusammenleben. Über meine Kinder rege ich mich nun weniger auf und mir selbst gestehe ich öfter liebevoll zu, meine Grenzen weiter zu ziehen.

Nicole Sutera

Seid barmherzig, wie euer Vater im Himmel barmherzig ist!

Lukas 6,36

Von langen Stunden und kurzen Tagen

Bist du bereit
für eine kleine Auszeit?
Lass uns
Prediger 3,1-15
lesen.

„Wann sind wir endlich daaa ...?“ Wie gut kann ich mich noch an diesen Satz erinnern. Seit Wochen hatten sich unsere Kinder auf den Urlaub am Meer gefreut. Sie fieberten den schönen Ferientagen entgegen: Sandburgen bauen, im Wasser planschen, Eis essen ... das war der Inbegriff ihres kindlichen Glücks.

Aber die Fahrt dauerte ja so lange. Am liebsten hätten sie die Zeit durch „Vorspulen“ beschleunigt. Und dann verflogen die Urlaubstage so schnell, nach zwei Wochen hieß es Abschied nehmen von Strand und neu gewonnenen Freunden.

„Oh, müssen wir schon wieder nach Hause? Wir sind doch grade erst angekommen!“

Glückliche Stunden verfliegen im Nu, schwere Stunden oder Wartezeiten können sich endlos hinziehen. Es ist unser Empfinden, das das Maß festlegt.

Manchmal möchten wir die Zeit anhalten, dann wieder dem Uhrzeiger Beine machen.

Es heißt in dem heutigen Kapitel in der Bibel: „Jedes Ereignis, alles auf der Welt hat seine Zeit.“ (Vers 1)

Wir haben keinen Einfluss auf die Geschwindigkeit. Es ist Gottes Werk.

Ich stelle mir die Frage: Wie gehe ich am besten damit um?

Und da hat das Wort Gottes auch eine Antwort für mich:

Es ist eine Gabe Gottes, sich zu freuen, das Leben zu genießen, zu essen, zu trinken und – bei aller Mühe, die man im Leben hat – Gutes zu sehen. (Vers 12-14)

Dafür will ich mich entscheiden.

Lassen wir uns treiben im Zeitenkarussell? Versuchen wir die Zeit anzuhalten?

Wichtig ist es, sie nicht zu verplempern, zu wissen, dass sie begrenzt und schnell vorbei ist.

Und es ist wichtig, den zu kennen und zu ehren, der uns unsere Lebenszeit geschenkt hat, Gott, unseren Schöpfer!

Renate Schnarr

„Jedes Ereignis, alles auf der Welt hat seine Zeit.“

Prediger 3,1

Mit dem wenigen ist viel anzufangen

Einen anspruchsvollen Auftrag erteilt Jesus in Matthäus 14,13-21.

Noch 15 Minuten bis zum Konzertbeginn. Das Publikum nimmt Platz. Freundliches Murmeln dringt zu mir hinter die Bühne. Ich zähle fünf Brote und zwei Fische.

„Gebt ihr ihnen zu essen!" Jesu Auftrag an seine Jünger in der Erzählung der wundersamen Brotvermehrung begleitet mich seit vielen Jahren. Ich höre ihn bei Gesprächen und in meiner Lebensplanung. Ich höre ihn beim Liederschreiben und vor jedem einzelnen Konzert. Er ist kein einfacher Begleiter. Er konfrontiert. Er schiebt mir die große Sehnsucht der Menschen vor die Augen. Und meine eigene. Er lässt mich meine Habseligkeiten zählen und spricht die Summe laut aus. Er zieht und zerrt an meinen Grenzen und meinem Glauben.

Zugegeben, es sitzen keine 5000 Männer und ihre Familien im Saal. Und ich muss sie nicht physisch sättigen. Ich empfinde den Auftrag, die Hoffnung der Menschen zu nähren, der Zuversicht Speise zu geben, gegen die quälende Friedlosigkeit anzusingen. In jedem Saal versammeln sich bittere

Lebensgeschichten, zerbrochene Träume und brennende Sorgen. Kurz vor Konzertbeginn kommen mir meine Lebens-Mittel unzulänglich vor. In diesem Moment stehe ich mitten in der schwankenden Jüngergemeinschaft.

„Gebt ihr ihnen zu essen!" Ich höre genauer hin. Jesus sagt nicht: „Schaut selber, wie ihr die Menge satt kriegt. Ich bin dann mal gespannt, wie ihr das anstellt." Jesus weiß genau um die begrenzten Mittel. Es geht nicht um Bloßstellung. Ich höre vielmehr: „Schaut sorgfältig nach, was ihr habt! Bringt es zur Sprache, zählt es auf!" Nachdem die Jünger benennen, was da ist, folgt der alles entscheidende Satz: „Gebt mir, was ihr habt!"

Das Leben hat uns ordentlich was eingepackt. Unsere Erfahrungen, unser Gespür, unsere Liebesfähigkeit und unsere Kreativität, unser Wissen und unsere Fertigkeiten, in aller Bruchstückhaftigkeit, haben hohen Nährwert. Nicht die Art oder Qualität unserer Mittel ist das Problem, sondern ihre Reichweite. Sie erschöpfen sich zu leicht.

Jesus nimmt unsere Habseligkeiten in seine Hände, blickt zum Himmel und dankt Gott für sie. Mit dem Blick zum Himmel ist mit dem wenigen viel anzufangen. Was wir haben, ist viel wert und nicht nur gerade mal so brauchbar. Die fünf Brote und zwei Fische sind die Basis, das wertvolle Grundmaterial für das satt machende Wunder. Aber erst in Jesu Händen, unter seinem Blick zum Vater, wird das, was wir haben, weitreichend.

„... und er gab die Brote den Jüngern und die Jünger gaben sie dem Volk." (Vers 19b)

Wir bekommen das Unsere zurück. Was wir Jesus überlassen, behält seine Art, seine Struktur, seinen Sättigungswert. Ich muss nichts austeilen, was mir fremd ist oder wozu ich keinen Bezug habe. Und ich brauche nicht nach dem Inhalt anderer Taschen zu schielen. „Gib mir, was DU hast!"

Die Veranstalterin spricht eine Begrüßung. Aus Jesu Händen nehme ich meine fünf Brote und zwei Fische und teile aus.

NATASHA HAUSAMMANN

Aber Jesus sprach zu ihnen: Es ist nicht nötig, dass sie fortgehen; gebt ihr ihnen zu essen. Sie sprachen zu ihm: Wir haben hier nichts als fünf Brote und zwei Fische. Und er sprach: Bringt sie mir her!

Matthäus 14,16-18

Das Wichtigste

Heute ermutigt uns
Markus 12,28-34.

„Welches von allen Geboten ist das wichtigste?" Jesu Antwort darauf ist: dreifach lieben. Gott, meinen Nächsten und mich selbst.

„Du sollst den Herrn, deinen Gott, von ganzem Herzen, von ganzer Seele, mit all deinen Gedanken und all deiner Kraft lieben."

Es ist ein großes Glück, geliebt zu werden. Manchmal läuft aber auch etwas völlig falsch im Leben. Eltern, die nicht zu Liebe fähig sind, Probleme in der Ehe ... Selbst, wenn alles gut ist, werden wir gerade von denen, die uns am nächsten stehen, immer mal wieder enttäuscht. Auch wir enttäuschen. Das ist menschlich. Einer liebt uns anders, bedingungslos, von ganzem Herzen. Und Jesus möchte, dass wir diesen Einen ebenfalls von ganzem Herzen lieben, so sehr uns das möglich ist.

Wir sollen Gott *von ganzer Seele und mit all unseren Gedanken* lieben. Das setzt voraus, dass wir Ihn in unseren Alltag lassen. Einkaufen, Eltern pflegen, Haus bauen, feiern, trauern. Gott gehört dazu.

Und *„mit all deiner Kraft"*. Manchmal ist Glaube ganz einfach und manchmal kostet er Kraft. Wo Licht ist, ist Schatten, und wo Glaube ist, ist Zweifel. Es gibt Zeiten, in denen wir mit Gott ringen, Ihn nicht verstehen. „Mit all deiner Kraft" heißt für mich, dass wir versuchen, auch in diesen Situationen an unserem Glauben festzuhalten. Es bedeutet nicht, dass Klagen und Zweifel verboten sind, sondern, dass wir Gottes Hand bei all dem nicht loslassen.

„Liebe deinen Nächsten ...“

Kein Problem, mein Kind zu lieben oder meinen Mann. Obwohl: Selbst hier fällt es manchmal schwer. Das pubertierende Kind bringt einen um den Verstand, der Ehemann kann so gut kritisieren und so wenig Anerkennung zeigen ... Ich bin sicher, dir fallen noch mehr Beispiele ein. Dennoch ist uns völlig klar: Wir lieben diese Menschen mit all ihren Facetten. Aber, wer ist mein Nächster? Nicht nur meine Familie und Freunde. Auch der Chef, der den eigenen Druck nach unten weitergibt, die mürrische Supermarktverkäuferin. Hier liegt die Herausforderung. Wie gehe ich mit solchen Menschen um? Man kann sie selten ändern, aber die eigene Einstellung. Ich habe gute Erfahrungen damit gemacht, gerade für ungeliebte Zeitgenossen zu beten. Manchmal erschließt sich sogar, warum sie sich so verhalten. Vielleicht magst du das auch mal ausprobieren.

„... wie dich selbst.“

Die Balance zwischen Egoismus und Selbstlosigkeit ist schwer. Ich bin überzeugt davon, dass Nächstenliebe nur gemeinsam mit Eigenliebe zu haben ist. Nur wer sich selbst annimmt, kann andere annehmen. Hast du dir das schon einmal überlegt? Vergleiche „dich selbst lieben“ mal mit „dein Kind lieben“. Das trotzende Kleinkind bringt dich manchmal an den Rand der Verzweiflung, aber du weißt genau, dass du es aus tiefstem Herzen liebst. Dennoch wirst du nicht zulassen, dass dein Leben ausschließlich von der Laune deines Kindes bestimmt wird. Sei genauso gnädig zu dir selbst: Lass deine diversen Befindlichkeiten nicht über dein Leben bestimmen. Liebe dich selbst, auch wenn du manchmal an dir verzweifeln könntest. Du bist Gottes geliebte Tochter!

Nicole Schweiger

Dies ist das wichtigste Gebot: „Hört, ihr Israeliten! Der Herr ist unser Gott, der Herr allein. Ihr sollt ihn von ganzem Herzen lieben, mit ganzer Hingabe, mit eurem ganzen Verstand und mit all eurer Kraft.“ Ebenso wichtig ist das andere Gebot: „Liebe deinen Mitmenschen wie dich selbst.“

Markus 12,29-31

Die herrliche Unvernunft der Liebe

Unser Bibeltext für heute
steht in
Markus 12,41-44.

Man kann, ohne zu lügen,
dem Herrn immer ALLES anbieten.
Doch jedes Mal, wenn man den Herrn
wieder tiefer kennengelernt hat,
verwandelt sich dieses ALLES
im Sinne eines MEHR, das aber
nicht in den Überblick des Menschen
gelegt ist, sondern ganz im Geheimnis
des Herrn versiegelt bleibt.

Adrienne von Speyr

In meiner Heimatpfarrei zog ich früher regelmäßig Anfang Dezember mit einer Spendendose in der Hand durch die Straßen und sammelte an den Haustüren für die Caritas. Meistens gaben die Leute ein oder zwei Euro, in seltenen Glücksfällen zückten sie auch mal einen Geldschein.

Einmal klingelte ich bei einer alten Frau, von der ich wusste, dass sie selbst so wenig zum Leben hatte, dass man ihr eher etwas aus dem Spendentopf hätte geben müssen, als sie um eine Spende zu bitten. Aber ich klingelte trotzdem – und wurde bereits von ihr erwartet. Mit größter Selbstverständlichkeit streckte sie mir einen Fünfzigeuroschein entgegen. Ich war natürlich total baff und fragte, ob ich ihr noch etwas rausgeben solle, woraufhin sie mich anlachte und meinte: „Nein, nein, ist gut so!“ Das Strahlen in ihren Augen, als sie das sagte, hat sich mir ganz tief eingeprägt. Ich wurde an diesem Tag noch einige Male angepflaumt und bekam die Tür vor der Nase zugemacht, aber das machte mir alles nichts mehr aus. Ich schwebte durch die Straßen, weil es mich einfach so glücklich machte, solch einen Menschen in meiner Nachbarschaft wohnen zu haben.

Und jedes Mal, wenn ich unseren Evangeliumstext für heute lese, sehe ich ihr strahlendes Gesicht wieder vor mir. Genau wie die Witwe, von der dort erzählt wird, so hat auch sie damals weit mehr gegeben, als sie sich eigentlich „leisten“ konnte.

Aber – so kann man ja wirklich zu Recht einwenden – ist ein solches Handeln nicht vollkommen verrückt? Die zwei kleinen Münzen, die 50 Euro, was ändern die schon an der Not der Zeit? Sollten diese armen Menschen nicht besser erst mal für sich selbst schauen, um nicht am Ende noch anderen auf der Tasche zu liegen?

Kann sein, dass ich da hoffnungslos romantisch veranlagt bin, aber ich finde, wenn es etwas gibt, was unser Leben hier auf der Erde schön macht, dann ist es diese herrliche, grenzenlose „Unvernunft der Liebe“. Wo wahre Liebe im Herzen lebendig ist, da hört jede Form von Berechnung auf. Da fragt man nicht mehr „Was kann ich schon ausrichten?“ oder „Was bringt’s?“. Da gibt man auf einmal ganz ohne Angst vor den Konsequenzen ALLES, und das Schönste ist, dass diese Ganz-Hin-Gabe noch nicht einmal als Opfer empfunden wird, sondern den Gebenden genauso froh macht wie den Empfangenden. Das gilt für die Liebe zwischen uns Menschen, aber genauso auch für die Liebe zu Gott. Ich kann mir vorstellen, dass Jesus seine helle Freude hatte, als er diese arme Witwe im Tempel beobachtete. Und ich bin dankbar, dass uns diese zarte Liebesgeschichte im Markusevangelium überliefert ist und uns auch nach 2000 Jahren sanft, aber sehr bestimmt zeigt, was in Gottes Augen in dieser Welt wirklich groß ist.

Sr. M. Ursula Hertewich

Kuscheln mit Gott?

Unser Bibeltext
für heute steht in
Jesaja 66,10-14.

In meiner Brust schlagen zwei Herzen, die sich manchmal gar nicht leiden können. Das eine wurde vor etwa 40 Jahren während meiner Ausbildung herangezüchtet: das Krankenschwesterherz. Mein Mutterherz wurde kurz danach geboren. Und seit diese beiden in mir leben, bekomme ich innere Diskussionen. Mit der Geburt unseres ersten Enkelkindes fing die ganze Debatte neu an. Allerdings: Es gibt immer einen klaren Gewinner.

Ich besuche meine Enkel sehr gerne. Und offensichtlich freuen sie sich genauso und zeigen das, indem sie – je nach Alter – auf meinen Schoß klettern, mit mir spielen oder Quatsch machen.

Doch in der Zeit vom Herbst bis zum Frühjahr suche ich damit gleichzeitig ihre Viren und Bakterien auf, denn dann schmiegen sich diese kleinen, süßen Menschen Trost suchend an mich und beglücken mich mit Rotznasen, Niesen und Anhusten. Die Krankenschwester in mir ruft entsetzt: „Rette sich, wer kann!“ Aber die Großmutter trotzt und sagt: „Jetzt erst recht! Jetzt brauchen sie deine Wärme und Nähe mehr als je zuvor!“

Natürlich weiß ich auch als Oma, dass das kaum folgenlos sein wird. Am besten kaufe ich schon mal Taschentücher und Isländisch Moos. Und ja, irgendwann werde ich mir mal eine Auszeit nehmen, um meinen Husten auszukurieren.

Doch das ist nicht nur unsere Mutterart. Gott selbst handelt ja nicht klüger. Obwohl Er wusste, dass Ihm sein Aufenthalt als Mensch auf dieser Erde schlecht bekommen würde, besuchte Er uns. Er bemühte sich um Kontakt mit uns. Er identifizierte sich nicht nur mit unserem Wesen, sondern genauso mit unserer Sünde. Ja, Er steckte sich absichtlich an und nahm unsere Schuld auf sich. Das kostete Ihn das Leben – doch wir wurden frei von dem ansteckenden Bazillus „Trennung von Gott".

Wie groß der Schaden auch gewütet hat, wie erschreckend wir unter den Symptomen der Krankheit „Verfehlung" gelitten haben: Wir werden heil, wenn wir uns wie die Kleinen vertrauensvoll an Gott wenden und uns von Ihm lieben lassen.

Dass Gott uns so aufopferungsvoll liebt wie eine Mutter ihr Kind, das hat schon Jesaja erkannt. Er sah bereits vor langer Zeit, dass Gott allen, die zu ihm kommen, Frieden, Trost und neuen Lebensmut schenkt: eben Heilung für die Seele. Durch Jesus hat Gott dieses Vorhaben wahrgemacht.

Deshalb dürfen auch wir das heute erfahren. Vollständig werden wir es im himmlischen Jerusalem erleben. So oder so gilt: „Freut euch! Und lasst euch von Gott trösten, wie eine Mutter euch nicht besser trösten kann!" (vgl. Vers 13)

Finde heraus, wann der Zeitpunkt in deinem Tagesablauf ist, an dem du dich am besten ungestört an Gott „ankuscheln" kannst. Wann nimmst du dir Zeit, um Ihm dein Herz auszuschütten und auf seine Trostworte zu hören? Morgens in aller Frühe – oder eher in deiner Mittagspause? Oder vielleicht mehrmals kurz über den Tag verteilt?

Eleonore Schmitt

Klebe einen Post-it-Zettel
an die Kaffeemaschine,
damit du diese
tägliche Zuwendung
durch Gott nicht verpasst!

Trost und Wiederherstellung
bekommt, wer die Gegenwart
Gottes sucht.

Inspiration

Heute soll dich
1. Korinther 3,9-15
bestärken!

Über mehr als ein Jahr lang habe ich eine Flüchtlingsfamilie betreut, bis sie aus unserem Ort wegziehen musste. Sie kam aus Afghanistan. Eigentlich wollte ich lieber syrischen Flüchtlingen helfen, die vor dem Krieg geflohen waren. Hatte ich vielleicht das Vorurteil gegenüber den Afghanen, dass sie weniger hilfsbedürftig wären?

Es war nicht einfach. Sie sprachen kein Wort Deutsch und kannten unsere Buchstaben nicht. Ich schätzte sie falsch ein. Ich dachte, es wären einfache Leute, die nicht lesen und schreiben konnten. Dabei waren sie in ihrer eigenen Sprache und Kultur sehr gebildet. In ihrem Land waren sie reiche Leute gewesen. Aus Sorge um ihre Kinder hatten sie alles aufgegeben. Noch leben sie bei uns in Deutschland, zu siebt auf fünfzig Quadratmetern.

Es war ein langer Prozess, bis wir einander ein kleines bisschen kannten und verstanden.

„Warum hilfst du uns?“, hat der Vater mich einmal gefragt.

„Weil ich Christin bin“, war meine spontane Antwort.

Es war schwierig. Ich wollte etwas für sie tun. Anmeldungen bei Schule und Kindergarten, die durch den Umzug wieder hinfällig wurden. Arzttermine, die sie versäumten, weil sie unsere Datumsschreibweise nicht verstanden. Arztpraxen, bei denen sie als Patienten nicht angenommen wurden. Spenden für Deutschkurse und Computer, aber sie schafften es nicht, auf diese Weise Deutsch zu lernen. Es dauerte, bis ich verstand, warum sie wenig Motivation dafür aufbrachten, unsere Sprache zu lernen. Es war die Ungewissheit, wie es weitergehen würde, und der nagende Zweifel, ob sie das Richtige getan hatten. Der Vater trug die Verantwortung – er litt unter Albträumen. Die Mutter brach einmal weinend zusammen, sie war von der Flucht traumatisiert.

Was ich jedoch sofort verstand, war die Liebe, die sie für ihre Kinder und füreinander aufbrachten. Der Respekt, den sie ihren Mitmenschen gegenüber zeigten, und die Herzlichkeit, mit der sie mir begegneten. Eine andere Religion, und doch auf der Herzensebene dieselben Werte wie meine.

Es ist noch immer schwierig. Ich habe viel getan und sie haben sich oft dafür bei mir bedankt. Aber einiges war frustrierend und umsonst. Ich wollte Fortschritte, und die gab es kaum. Ihr Asylantrag wurde abgelehnt. Oberflächlich betrachtet könnte man meinen, wir verstehen uns bis heute nicht. Ein Gespräch mit den Eltern ohne Übersetzung durch ihre Kinder geht nicht über drei Sätze hinaus. Wir können uns sehr vieles einfach nicht sagen. Aber auf tieferer Ebene verstehen wir uns sehr wohl. Wir haben einander berührt und erreicht.

Jetzt ist mir klar, was das Wichtigste war, das ich für sie getan habe: ihnen menschlich entgegenzukommen und zu zeigen, dass jemand sich um und für sie bemüht. Meine persönliche Inspiration dafür war simpel: weil ich Christin bin.

Nicole Sutera

Das Fundament,
das bei euch gelegt wurde,
ist Jesus Christus.
Niemand kann
ein anderes legen.

1. Korinther 3,11

Himmlische Gnade

Unser herausfordernder Text für heute ist **Lukas 17,11-19.**

Ich kann mich nicht an allzu viele Gelegenheiten erinnern, bei denen ich wirklich um Gnade gefleht hätte. Um Hilfe gebetet, ja, das schon, eigentlich fast täglich. Aber wirklich um Gnade gefleht – eher nicht, das hat eine andere Qualität, da geht es wirklich um alles, da steckt tiefe Verzweiflung drin und ein großes Stück Ausweglosigkeit.

Als wir erfuhren, dass wir Eltern von Zwillingen werden würden, war die Freude von jetzt auf gleich riesig. Überforderung, ein Heidenrespekt vor der vor uns liegenden Aufgabe, Ängste und Fragen wurden natürlich gleich mitgeliefert, aber vor allem waren da Freude und Dankbarkeit. Zwillinge, fünf Kinder, Großfamilie – was für eine Aufgabe, was für ein Geschenk!

In der Nacht, in der ich in die Klinik eingeliefert wurde und man mir sagte, dass ich diese beiden Kinder aller Wahrscheinlichkeit verlieren würde, dass man nichts tun könne in der 20. Woche, in dieser Nacht flehte ich Gott um sein Erbarmen an. Äußerlich in ruhiger Schockstarre, schrie meine Seele um Gnade für meine ungeborenen Kinder. Leben sollten sie, leben, der Weg durfte nicht schon zu Ende sein, es durfte einfach nicht sein! Am nächsten Morgen wurde mir nochmals gesagt, dass die Chancen sehr gering seien, diese Schwangerschaft aufrechtzuerhalten. Aber dieses Mal war meine Seele ruhig. Die Herren und Damen in Weiß irrten, und ich wusste es. Diesen Kindern würde nichts geschehen.

Die kommenden Monate waren gruselig, anstrengend und aufreibend. Aus einer aktiven Drei-Kind-Mama war ein lagerndes Riesengebirge auf unserem Sofa geworden. Aber ich machte mir viel mehr Gedanken um meine Kinder, die schon auf der Welt waren, als um die in meinem Bauch, denn die wusste ich behütet. Fünf Monate nach der Nacht, die einem fürchterlichen Albtraum glich, kamen unsere Kinder zur Welt, gesund und munter. Ich hatte um Erbarmen gefleht und war geheilt worden.

Und kein Tag ist seither vergangen, an denen ich nicht „Danke" für diese Kinder gesagt hätte. Wann immer ich an ihrem Bettchen sitze, wann immer ich sie in meinen Armen halten darf (viel zu selten, denn es sind quirlige Vierjährige, die haben Besseres zu tun, als sich ständig knuddeln zu lassen), wann immer ich sie sehe, höre, rieche, flüstert mein Herz ein leises „Danke". Es kommt aus tiefer Seele und fällt mir nicht schwer. Unsere Kinder sind lebendige Erinnerung daran, welche Gnade uns zuteilwurde.

Dennoch vergesse ich im Durcheinander meines Lebens und meiner Gedanken viel zu oft, „Danke!" zu sagen. „Danke!" Für Seinen Beistand in meinem gewöhnlichen, unspektakulären Alltag, für jedes gute Wort, für das Blau des Himmels und den Duft der Rosen, für die Umarmung meines Mannes und die Mathearbeit, die doch irgendwie hingehauen hat. Für jeden Abend, an dem unsere Kinder gesund in ihren Betten liegen, für Bücher, einen Kaffee und ein Plätzchen in der Sonne.

Wenn ich müde bin und doch nicht schlafen kann, weil noch so viel vom Leben in meinem Kopf kreist, dann gelingt es mir am ehesten. Dann zähle ich alles auf, wofür ich dankbar bin. Und schlafe darüber ein, denn die Liste ist so lang.

Sandra Geissler

Jesus,
Meister,
hab Mitleid
mit uns!

Lukas 17,13

Können wir sorgenfrei leben?

Heute lesen wir

Matthäus 6,25-34.

Gibt es etwas, was dir aktuell Sorgen bereitet? Wie gehst du mit diesen Sorgen um?

Mein Mann und ich haben kürzlich unsere Wohnung gekündigt, weil wir mit unseren Kindern in eine andere Stadt ziehen und dort eine Kirche gründen wollen. Eine neue Wohnung haben wir noch nicht. Leider. Manchmal mache ich mir Sorgen, ob wir rechtzeitig eine finden werden. Welche konkrete Angst steckt dahinter? Ehrlich gesagt, befürchte ich zeitweise, dass unser neues Heim nicht meinen Vorstellungen entspricht. Ich hätte sehr gerne einen kleinen Garten, eine entsprechende Wohnung zu finden ist allerdings nicht leicht. Was offenbaren meine Sorgen und Ängste über mich und mein Bild von Gott?

Im heutigen Bibeltext erklärt Jesus, dass die Vögel jeden Tag ausreichend Nahrung finden, weil Gott derjenige ist, der sie versorgt. Sogar die Blumen sind wunderschön von ihm gekleidet. Wenn Gott so gut für Pflanzen und Tiere sorgt, dürfen wir uns seiner Fürsorge umso gewisser sein. Warum? Gott ist nicht nur allmächtig und allwissend, sondern er ist insbesondere auch unser liebender Vater. Er sorgt für seine Kinder. Er umsorgt uns. Er weiß, was wir wirklich brauchen. (vgl. Vers 32)

Wenn ich also befürchte, dass unsere zukünftige Wohnung nicht in allen Punkten meinen Vorstellungen entspricht, habe ich etwas Wichtiges vergessen: Gott weiß viel besser als ich, was wir als Familie brauchen. Ob wir einen Garten haben werden oder nicht: Gott möchte unser Bestes. Er entscheidet immer so, wie wir auch entscheiden würden, wenn wir alles wüssten, was er schon heute über unsere Zukunft weiß. Da Gott vertrauenswürdig ist, dürfen wir alle unsere Sorgen auf ihn werfen (vgl. 1. Petrus 5,7).

Können wir also sorgenfrei leben? Jesus erzählt dieses Gleichnis wohl nicht ohne Grund. Er muss gewusst haben, dass wir Menschen mit Sorgen zu kämpfen haben. Sie schwirren über unseren Köpfen wie Vögel, die sich niederlassen wollen. Wenngleich wir hieran nichts ändern können, ist es möglich, sie am Einnisten zu hindern. Wenn wir ihnen Gottes Fürsorge entgegenstellen, werden die Sorgenvögel vertrieben. Gottes Liebe zu uns zeigt sich insbesondere darin, dass Er uns seinen Sohn sandte. Derjenige, der dieses Gleichnis erzählt, gab alles auf. Er gab sich selbst für uns. Am Kreuz trug Jesus stellvertretend all unsere Schuld. Der gerechte Zorn des Vaters lag auf ihm. Somit hatte Jesus die größtmöglichen Sorgen und Ängste, die es geben kann. Er wurde vom Vater verlassen. Jesus ließ freiwillig die Hand des Vaters los, damit wir sie nun inmitten unserer größten Sorgen und Ängste ergreifen dürfen. Was hätte Gott noch tun sollen, um uns von Seiner Liebe und Fürsorge zu überzeugen?

Welche Sorgen darfst du heute aktiv loslassen, indem du ihnen Gottes Fürsorge entgegenstellst?

Natalie Meyer

Dass die Vögel der Sorge und des Kummers über deinem Haupt fliegen, kannst du nicht ändern. Aber dass sie Nester in deinem Haar bauen, das kannst du verhindern.

Martin Luther

Zur Freiheit befreit – Reformationsfest!

Lass dich heute von
1. Korinther 7,23
und
Galater 5,1
trösten und stärken!

Es war ein Skandal! Ein Politikum. Eine Sensation. Hätte es damals schon die BILD-Zeitung gegeben, so hätte das Foto die Titelseite gefüllt. Und hätte es die GALA schon gegeben, dann hätten selbst FAZ-Leser nicht widerstehen können, wenn sie beim Friseur gefragt worden wären: „Möchten Sie was lesen?“ Mönch heiratet Nonne! Dazu dieses Foto! Mein Gott, wie kamen die Paparazzi da nur ran? Martin und Käthe im Bett! Unterschrift: Vor Zeugen wurde die Ehe vollzogen!

Die ZEIT würde schreiben: Trennung Luthers von der katholischen Kirche ist besiegelt.

Die BILD drückt es nur anders aus: Das Ende der Welt ist nah – Mönch und Nonne zeugen den Antichrist!

Der Sächsische Fürstenhof fordert: Tod den Ehebrechern! Weil die Katharina doch schon verheiratet war! Mit Jesus! Und dem hat der Luther jetzt die Braut ausgespannt!

Katharina von Bora ... Das hätte sie sich als kleines Mädchen auch nicht träumen lassen, dass sie einmal die Glamour-Queen des 16. Jahrhunderts sein würde, die auf ihre Weise das Ende des Mittelalters einläutet. Mit fünf Jahren wurde sie ins Kloster gesteckt und wurde Nonne. Lebte acht Jahre lang unter dem Schleier.

Aber dann, Anfang 1523, entschließt sie sich mit elf anderen Nonnen dazu, aus dem

Kloster zu fliehen. In der Osternacht ist es so weit. In der Nacht, in der die weltweite Christenheit den Übergang vom Tod zum Leben feiert, fangen zwölf Frauen ein neues Leben an. Wagen den Sprung in die Freiheit. Ohne die Folgen zu kennen. Ohne die Garantie, in Sicherheit zu sein.

Raus aus der materiellen Versorgung durch das Kloster, rein in die materielle Ungewissheit. Bin ich stark genug, um für mich selbst zu sorgen?

Raus aus dem gesellschaftlich anerkannten Status, rein in die gesellschaftliche Ächtung. Entlaufene Nonnen! Darauf steht die Todesstrafe. Hält man den Widerstand aus? Hat man noch genug Mut zu neuen Beziehungen? Neuen Lebensformen?

Und nicht zuletzt: Raus aus einem sicheren Glaubensgerüst: „Alles, was ich bisher geglaubt habe, worauf ich vertraut habe, stimmt nicht. Ich habe mich, fast mein ganzes Leben lang, in Formen hineinpressen lassen, von denen ich dachte, sie seien richtig und sogar von Gott gewollt. Und sie waren es nicht."

Wenn ein Mensch sich aus der bisherigen Vorstellung von Gott und der Welt, von Sinn und Wahrheit, löst, dann ist das: ein Riesengewinn – oder auch ein Riesenverlust. Ein Riesenglück – oder auch ein Riesenschmerz. Oder beides zugleich.

Woher nimmt Katharina die Kraft zur Freiheit? Ich glaube: Weil sie sich selbst wert achtet.

Wenn wir Gott so viel wert sind, dürfen wir auch uns selbst so viel wert sein. Katharina hat die Freiheit ergriffen, die ihr von Gott geschenkt wurde. Und hat dementsprechend gedacht. Gehandelt. Und gelebt. Machen wir es ebenso!

Miriam Küllmer-Vogt

Durch Christus sind wir frei geworden, damit wir als Befreite leben.

Galater 5,1a

Getragen

Lass dich heute von
Markus 2,1-12
inspirieren.

Da kamen vier Männer,
die einen Gelähmten trugen. Weil sie
wegen der vielen Menschen nicht bis zu
Jesus kommen konnten, deckten sie über
ihm das Dach ab. Durch diese Öffnung
ließen sie den Gelähmten
auf seiner Trage hinunter.

Markus 2,3+4

Diese Geschichte zählt nicht zu denjenigen, die mich beim ersten Hören in der Sonntagsschule berührt haben. Ich bin kerngesund und ich habe, seitdem ich gehen kann, nur wenig Erfahrung darin, mich tragen zu lassen. Finden kann ich mich eher in den vier Freunden, den Helfern. Sie werden schlicht „Männer" genannt, aber Menschen, die so etwas für andere tun, sind Freunde. Andere tragen helfen, das ist mir vertraut. Ich gehöre zu den Machern; denen, die meist vorangehen und andere mitnehmen. Zum Beispiel unsere vier Kinder.

Seit zehn Jahren sind der Haushalt und das Muttersein meine Hauptaufgaben. Ich investiere viel Arbeit, viele Gedanken und viel Herzblut in unser Zuhause, weil ich mir wünsche, dass es ein Ort ist, an dem unsere Familie wachsen und reifen kann. Vieles von dem, was mein Mann und ich tun, säen wir für die Zukunft. Anders gesagt: Oft ist kein sofortiges Ergebnis sichtbar, sondern das Vertrauen auf die Hilfe Gottes und die Gewissheit, dass unsere Bemühungen Früchte tragen werden, müssen ausreichen.

Vor einiger Zeit fühlte ich mich schon am Morgen sehr entmutigt. Eine nicht zu schaffende To-Do-Liste, schmutzige Fenster, Müdigkeit und ein dramatischer morgendlicher Streit mit einem unserer Kinder raubten mir Kraft und Sicht. Das Kind machte gerade eine lang anhaltende, schwierige Zeit durch. Viel wurde schon gebetet, vereinbart, vergeben. Waren unsere Bemühungen vergeblich? Wie lange würde dieser Zustand noch dauern? Am Abend fasste ich mir ein Herz und erzählte einer Freundin von meiner Befindlichkeit. Eigentlich sortiere ich meine Gefühle lieber für mich allein und teile sie erst dann mit anderen, wenn ich damit durch bin. Sie meinte ruhig: „Ich sehe so vieles, was Gott an diesem Kind schon getan hat! Und ich weiß, dass Er euch weiterhin führen wird!"

„Als Jesus ihren festen Glauben sah ..." Der gelähmte Mann wurde von Jesus aufgrund der Hoffnung und des Vertrauens seiner Freunde gerettet. Ob er selber glaubte, wird nicht erwähnt. Es ist offenbar nicht so wichtig. Der Glaube seiner Freunde reichte aus. Für mich eine frohe Botschaft: Ich darf mich von Menschen tragen lassen, die an meiner Stelle vertrauen, darf mich an ihr Vertrauen und ihre klare Sicht anlehnen, wenn ich schwach bin. Wage ich es?

Ich möchte dich einladen, dir heute folgende Fragen zu stellen: Habe ich Erfahrung darin, getragen zu werden? Wie fühlte sich das an?

In welchen Bereichen meines Lebens fällt es mir schwer, mich von anderen tragen zu lassen? Warum?

Wie könnte die Einladung Gottes heute an mich lauten?

Sonja Sorbara

Vergänglichkeit

Keine leichte Kost –
aber sehr „nahrhaft" ist der
Psalm 90.

Herr, seit Menschengedenken
warst du unser Schutz. Du, Gott, warst schon,
bevor die Berge geboren wurden und die Erde
unter Wehen entstand, und du bleibst in Ewigkeit.
Du sagst zum Menschen: „Werde wieder Staub!"
So bringst du ihn dorthin zurück, woher er
gekommen ist. Für dich sind tausend Jahre wie
ein Tag, so wie gestern – im Nu vergangen,
so kurz wie ein paar Nachtstunden.

Psalm 90,1-4

9. November 1998:

„Erich hatte einen schlimmen Autounfall!", so werde ich morgens geweckt. Seit fast einem Jahr war ich mit diesem jungen Mann in einer Beziehung. Sprachlosigkeit. Gefühlstaubheit. Unfähigkeit zu denken, zu handeln. Ausnahmezustand!

Im Laufe der nächsten Stunden erfahre ich, dass er mit einem LKW frontal zusammengestoßen war. Intensivstation. Schädel-Hirn-Trauma. Künstliches Koma.

Vergänglichkeit des Lebens – spürbar nah!

Und dennoch: Nach nur zwei Monaten samt Reha-Aufenthalt setzt er wieder gesund und erfolgreich sein Chemie-Studium fort. Ein Wunder! Segen! Gnade!

Seit 2001 bin ich mit diesem Mann verheiratet – bis dass der Tod uns scheidet.

Ich denke an ein junges Ehepaar, das sein erstes Kind in der 24. Schwangerschaftswoche loslassen musste. Achterbahn der Gefühle. Schmerz. Tränen. Kummer.

Vergänglichkeit des Lebens – noch vor dem ersten Atemzug!

Wirklich? Oder ist es vielmehr so, dass dieses kleine Mädchen von Anfang an in der perfekten Welt Gottes leben darf, für die der Mensch eigentlich geschaffen ist. Vollkommenes Leben ohne jeglichen Schmerz! Es wird niemals erfahren, wie sich Kopfschmerzen, ein Wespenstich oder ein gebrochenes Bein anfühlen. Einsamkeit, von der besten Freundin im Stich gelassen zu werden oder Liebeskummer bleiben diesem Mädchen erspart.

Ja, das Leben hat mehr zu bieten als Kummer und Schmerz, aber genau dieses MEHR darf die Kleine jeden Moment in Gottes Gegenwart erleben.

Ich denke an einen Großonkel, der im hohen Alter von 89 Jahren verstarb.

Vergänglichkeit des Lebens – nach einem langen, erfüllten Leben!

Vorhersehbar – und doch: Welch großer Verlust für die 84-jährige Witwe! Sie verlor die vertrauteste Person, mit der sie Höhen und Tiefen des Lebens meisterte, deren Liebe ihr auch im Alter trotz körperlicher Gebrechlichkeit galt. Ist es nicht grausam, diesen Halt zu verlieren?

Für den Tod scheint es keinen „richtigen" Zeitpunkt zu geben.

Deshalb lade ich dich ein, mit dem Psalmisten gemeinsam mit Blick auf die Ewigkeit zu beten: „Lass uns erkennen, wie kurz unser Leben ist, damit wir zur Einsicht kommen! Lass uns jeden Morgen spüren, dass du zu uns hältst, dann sind unsere Tage erfüllt von Jubel und Dank." (Psalm 90,12.14)

Luisa Seider

Ein Brief von Gott

Lass uns über
2. Korinther 3,2-3
nachdenken.

Was für ein wunderschönes, aussagekräftiges Bild! Ich bin ein Brief Christi. Geschrieben mit dem Geist des lebendigen Gottes und in die Herzen der Menschen gezeichnet.

Ich kann mich noch gut daran erinnern, als ich diese Zeilen das erste Mal bewusst gelesen habe. Während eines Stadtbummels in Nürnberg hatte ich mich in die Krypta der St. Elisabeth-Kirche zurückgezogen, um ein bisschen zur Ruhe zu kommen. Es ist ein sehr einfach gehaltener Raum, nur ein paar Stühle und ein schlichter Altar mit aufgeschlagener Bibel. Obwohl ich nicht alleine war, umfing mich wohltuende Stille mitten im Großstadttrubel. Nach ein bisschen Innehalten ging ich nach vorne, um einen Blick in die Bibel zu werfen, und blieb an diesen Worten hängen: „Ihr seid ein Brief Christi …" und in Vers 2: „Jeder kann ihn lesen …".

Vergleiche ich mich mit einem Brief, kommen mir Fragen in den Sinn: Wer hat mich geschrieben? Wer wird mich lesen? Und was wird er dabei finden?

Ich möchte dich einladen, diesen Fragen gemeinsam mit mir nachzugehen. Vielleicht möchtest du sie dir aufteilen und damit durch die Woche gehen?

Wer hat dich geschrieben? – Wenn du ein Brief Christi bist, ist Gott der Verfasser. Paulus schreibt an die Korinther, sie seien von ihm und seinen Mitarbeitern geschrieben, aber durch den Heiligen Geist. Paulus war sozusagen Gottes Werkzeug. Wer hat dich und dein Glaubensleben geprägt? Durch wen bist du zum ersten Mal mit Gott in Berührung gekommen? Diese Menschen sind oft ein Segen auf unserem Lebensweg. Manchmal muss man sich aber auch von alten Prägungen frei machen und seine eigene Art finden, mit Gott zu leben. Was gestern passend für dich war, ist es heute vielleicht nicht mehr, weil du dich in einer anderen Situation befindest. Dann kannst du dich guten Gewissens mit Gott auf den Weg machen.

Wer wird dich lesen? – So schön ich das Bild des Briefes finde, die Tatsache, dass ich als solcher von meinen Mitmenschen gelesen werde, gibt mir eine gewisse Verantwortung. Was denkst du, wer wird dich lesen? Es sind nicht nur die Gemeindemitglieder im Gottesdienst am Sonntag. Auch dein Ehemann, deine Tochter, dein Schwiegersohn, deine Arbeitskollegin, dein Nachbar lesen in dir. Was löst dieser Gedanke in dir aus? Ich wünsche dir, dass dir das keine Angst macht, sondern dass du eine Chance darin sehen kannst, etwas Positives in deiner Umwelt zu bewirken.

Was werden andere in dir erkennen? – Dein Lebensbrief wird gelesen. Was für eine Chance! Ich wünsche mir, dass man in unserem Leben ein paar Früchte des Geistes entdecken kann. Ehrlich und authentisch. Kein Heiligenschein, denn wir sind bei Weitem nicht perfekt. Aber es wäre doch schön, wenn die Menschen, die uns begegnen, einen Unterschied bemerken und fragen würden, wer dieser Gott ist, mit dem wir durchs Leben gehen. Vielleicht werden wir dann selbst – wie Paulus – zum Werkzeug und Schriftsteller neuer Briefe.

NICOLE SCHWEIGER

Ihr selbst seid doch der beste Empfehlungsbrief für uns! Er ist in unser Herz geschrieben und kann von allen gelesen werden.

2. Korinther 3,2

Alle an einem Tisch

Setz dich mit
Matthäus 9,9-13
zu uns an den Tisch!

Vor vielen Jahren suchten der Gatte und ich ein Möbelhaus auf, um einen Esstisch für unser neues Zuhause zu kaufen. Ich war unfassbar müde an diesem Tag, zerschlagen und kaputt, wie auch schon am Tag zuvor und wohl auch in den Tagen danach. Ein Hausumbau steckte mir in den Knochen, die Fürsorge für meinen kleinen Jungen und seine winzige Schwester, mein Mann, der in all dem Durcheinander nicht nur seine Arbeitsstelle, sondern gleich seinen Beruf wechselte. Diese Tage, Wochen und Monate gehören nicht zu den Sternstunden meines Lebens, sie waren herausfordernd und nervenaufreibend. Nun sollte also noch ein neuer Tisch her. Groß sollte er sein, einer, den man bei Bedarf ausziehen kann, Holz auf jeden Fall und in einer warmen Farbe. Unter all den Holztischen, die da zur Auswahl standen, fanden wir schließlich unseren. Makellos, honigfarben mit einer schönen Maserung. Sechs Stühle kauften wir dazu, da würden wir sogar noch Gäste an diesem Tisch bewirten können.

Einige Wochen später wurde das gute Stück geliefert und wirkte etwas verloren im neuen, noch kahlen Wohnraum. Der Tisch, das Haus und ich standen einander noch einigermaßen skeptisch gegenüber. Doch mit der Zeit freundeten wir uns an. Der Wohnraum füllte sich mit Bildern und Leben, Kinder wurden geboren und wurden größer. Längst ist dieser Tisch immer ausgezogen, und wenn Gäste kommen, dann klemmen wir Hocker zwischen unsere sechs Stühle, die doch für uns sieben schon nicht ausreichen.

Jeden Abend kannst du uns sitzen sehen, rundherum um unseren großen Esstisch, der in der Zwischenzeit so manche Macke abbekommen hat. Jede Schramme, jedes Stückchen abgeplatztes Furnier und jeder Kratzer legt ein sehr anschauliches Zeugnis davon ab, welche Rolle dieser Tisch in unserem Familienleben spielt. Kaffeetassen und Steuerunterlagen, Hausaufgaben und Bastelarbeiten, singen und beten, die leisen Dramen des Lebens und fröhliches Beieinandersein – dieser Tisch steht immer mittendrin.

An diesem Tisch hat jeder Platz und jeder bringt mit, was er den Tag über erlebt hat. Das Gute und das Schlechte, bunte Erlebnisse und graue Stunden, das Kleine und das Große. Hier findet alles seinen Ort, zwischen Butterdose und Käseplatte, zwischen Brot und Salat, ein buntes Sammelsurium an Geschichten von großen und kleinen Menschen.

Diese letzte Mahlzeit am Tag sättigt nicht nur den Bauch. Dieses Essen sättigt vor allem unsere Seelen. Es heilt die Wunden des Tages, es tröstet und nimmt Anteil. Hier darf ich sein, wie ich bin. Hier bin ich zu Hause, egal, wie rau das Leben heute mit mir umgesprungen ist. Hier bin ich geliebt, auch wenn ich mich selbst gerade nicht leiden kann, hier darf ich müde und schwach sein. Und ich verstehe und begreife zutiefst, warum Jesus mit seinen Freunden, mit Zöllnern und Sündern gemeinsam gegessen hat. Das gemeinsame Essen in vertrauter Gemeinschaft, das Zusammensein um einen Tisch, schenkt Heilung an Leib und Seele, lässt uns lebendig und Liebe spürbar werden.

In unserem kunterbunten Familiendurcheinander sitzt die Liebe mit an unserem gar nicht mehr neuen, gar nicht mehr makellosen Tisch. Vielleicht, denke ich manchmal, vielleicht blitzt hier ein Stückchen Himmel auf, ein kleiner Ausblick, auf das, was kommen mag.

Sandra Geissler

„Geh auf die Landstraßen“, befahl der Herr, „und wer auch immer dir über den Weg läuft, den bring her! Alle sind eingeladen. Mein Haus soll voll werden.“

Lukas 14,23b

Ohne Mangel

Heute wollen wir über **Psalm 23** nachdenken.

Heute ist ein strenger Tag. Am Vormittag eine Sitzung, dann steht ein Besuch an, und am Nachmittag die lang ersehnte Geburtstagsfeier unserer Tochter. In der Sitzung bin ich leicht abwesend. Ich hake innerlich ab, was für die Feier schon alles vorbereitet ist, und überlege, was alles noch zu tun ist. Meine innere To-Do-Liste scheint mir gerade sehr lang zu sein. Um ehrlich zu sein, zu lang – ich frage mich, wie ich heute alles schaffen soll. Nach der Sitzung eile ich nach Hause, um Tee und Gebäck für den Besuch anzurichten, und werfe dabei noch einen kurzen Blick auf meine Liste. Genau, die Torte. Sie ist weder gefüllt noch dekoriert. Ich mache das sehr gerne, wenn ich Zeit habe. Jetzt wäre ich froh, dieser Punkt wäre bereits abgehakt.

„Mir wird nichts mangeln." Nein, bitte, nicht gerade jetzt. Das Bild vom Hirten mit seinen Schafen scheint mir in diesem Moment ziemlich abgehoben zu sein und nichts mit meinem realen Leben zu tun zu haben. Ich schiebe den Gedanken weg. Er kommt wieder. Lieber Jesus, was genau weißt du denn von meinen handfesten Problemen hier?!

„Mir wird nichts mangeln." Ein bekannter Vers, und doch so herausfordernd, ihn zu glauben. Der Gedanke lässt sich nicht mehr wegschieben. Hartnäckig bleibt das

Bild vom Hirten vor meinen inneren Augen. Ich empfinde, dass Gott genau jetzt mit mir darüber reden will. Innerlich aufseufzend lasse ich mich darauf ein und denke über diesen Vers, der mir ja eigentlich so vertraut ist, nach. Wenn Gott verheißt, dass Er mein Hirte ist und mir nichts fehlen wird, was genau heißt das denn in dieser Situation? Was genau wird mir nicht fehlen? Wird Jesus meine Arbeit erledigen?

Ein Blick in die Bibel erinnert mich daran, was Gott mir verheißt: Frieden (Johannes 14,27), Freude (Psalm 16,11) und Versorgung (1. Petrus 5,7). Ist es das, womit Gott mich versorgen will? Mit Frieden, Freude und Versorgung mitten in meinem Listen-Abhak-Modus? In mir verfestigt sich der Eindruck, dass Gott diese Einladung ernst meint. Ich soll nicht eine Minute meines Lebens in Sorge und Hast verbringen und das Leben in Fülle verpassen. Auch wenn es eilt.

Als ich mich dafür entscheide, Gottes Einladung anzunehmen, merke ich: Meine eigenen Vorstellungen und Ansprüche an Perfektion haben mir die Freude geraubt. Und da kommt gleich eine zweite Einladung von Gott: nämlich diese Vorstellungen und Ansprüche loszulassen. Ihm zu vertrauen, dass Er mich mit Freude und Leben versorgt, selbst wenn der Kuchen am Schluss nicht perfekt aussieht.

Will ich auch diese Einladung annehmen? In welchen Bereichen spüre ich gerade heute am ehesten einen Mangel? (Beispiele: Zeit, finanzielle Versorgung, Beziehungen ...) Wo will Jesus mir heute als Hirte begegnen? – Und: Was hindert mich eigentlich daran, seine Einladung anzunehmen?

Sonja Sorbara

Der HERR
ist mein Hirte,
mir wird nichts
mangeln.

Psalm 23,1

Der große Traum

Lass dich heute von Marias Freude in **Lukas 1,46-55** anstecken!

Gott hat Maria dazu auserwählt, die Mutter Jesu zu werden.

War das der Traum dieser jungen Frau? Die in Nazareth lebte, einer Stadt, von der man sagte: „Was kann aus dieser Stadt schon Gutes kommen?“ Der Traum dieser jungen, jüdischen Frau, die in einem unfreien, besetzten Land lebte? Unter römischer Herrschaft, einer Herrschaft, die schon bei geringstem Widerstand grauenvolle Strafen verhängte? Einer Herrschaft, die horrende Steuern erhob?

Wovon Maria träumt, ist der Umsturz der Gesellschaft. Der ungerechten Verhältnisse. Ist die Befreiung ihres Volkes. Die Aufrichtung des Friedens. Ihre Sehnsucht ist die Erfüllung der großen Verheißung Gottes an das Volk Israel: Der Messias wird kommen: Wunder-Rat, Gott-Held, Ewig-Vater, Friedefürst. Seine Macht wird groß sein und seiner Friedensherrschaft wird kein Ende sein.

Wenn Maria zu Gottes Plan, dass sie die Mutter Jesu wird, „Ja“ sagt, dann nicht, weil sie Kinder so mag, sondern weil sie auf diese Weise das Ihre dafür tun kann, dass ihr großer Traum in Erfüllung geht. Mutter Gottes zu werden, ist sozusagen das Mittel zum Zweck. Ich bin sicher: Gott wusste um

Marias großen Traum. Und wählte sie genau darum aus. Weil Gott daran gelegen ist, dass wir Menschen unserer Bestimmung gemäß leben. Weil Gott dazu seinen ganzen Segen und seine Gnade geben will.

Daher: Als der Engel zu ihr spricht und ihr von Gottes Plan erzählt, da versucht dieser Engel es gar nicht erst mit: „Maria, du wirst schwanger werden und einen Sohn zur Welt bringen. Er wird so süß und knuffig sein ..." Stattdessen sagt der Engel: „Maria, du wirst schwanger werden und einen Sohn zur Welt bringen. Gib ihm den Namen Jesus. Er wird Gottes Sohn sein. Gott wird ihm den Thron seines Vorfahren König David geben. Er wird für immer als König über die Nachkommen Israels herrschen, und seine Friedensherrschaft wird niemals aufhören."

Das ist es! Das ist es, was Maria will. Und darum sagt sie „Ja".

Was ist dein großer Traum? Wofür schlägt dein Herz? Was macht dich froh? Warum bist du hier, auf dieser Welt?

Ich bin sicher, du hast in deinem Leben schon einige Entscheidungen getroffen, die bewusst oder unbewusst der Erfüllung deiner Bestimmung dienten. Vielleicht ist dein großer Traum schon in Erfüllung gegangen oder geht gerade in Erfüllung. Vielleicht lebst du schon als Gesegnete und Begnadete.

Aber wenn nicht – dann wird es Zeit, dass du dir diese Fragen stellst. Wenn plötzlich eine Tür aufspringt, während du dein Tun und Schaffen hast, und wenn plötzlich im Licht Gottes der Staub zu tanzen beginnt und Gott zu dir spricht, dann sag nicht „Nein." Oder: „Später". Dann sag „Ja".

Miriam Küllmer-Vogt

Von ganzem Herzen preise ich den Herrn. Ich freue mich über Gott, meinen Retter.

Lukas 1,46+47

Zu Hause im Stall

Heute
lesen wir die vertraute
Geschichte in
Lukas 2,1-20.

Ich war neun Jahre alt und tief enttäuscht. Die Maria hatte ich spielen wollen beim Krippenspiel, und jetzt hatte die Lehrerin entschieden, dass ich stattdessen die Rolle der Erzählerin übernehmen würde – wo, bitte schön, blieben da Romantik und Glamour? Für diesen Auftritt gab es ja nicht einmal ein Kostüm!

Da ich an der Entscheidung aber ohnehin nichts ändern konnte, lernte ich meinen Text eben auswendig: die Weihnachtsgeschichte nach der Überlieferung von Lukas.

Ganz überraschend passierte dabei etwas mit mir: Die Worte aus der Bibel prägten sich nicht nur in mein Gedächtnis ein. Ich habe sie seitdem auch ins Herz geschlossen.

Die meisten Menschen freuen sich wohl auf die Weihnachtszeit: Inmitten von winterlichem Grau bietet der Advent uns Lichterglanz und festliche Vorfreude.

Und doch war mir seit der Weihnachtsvorführung damals klar, dass noch mehr hinter der Geburt von Jesus stecken musste als nur die Aussicht auf Lichterketten, Geschenke und Gebäck.

Und so begann ich, mich auf die Suche zu begeben. Was ich im tiefsten Inneren suchte, das konnte ich damals noch längst nicht in Worte fassen. Inzwischen aber weiß ich es: Es war die Suche nach einem Ort, an dem jemand auf mich wartet. An dem ich willkommen, gekannt und geliebt bin.

Der Stall ist so ein Ort.

Er hat nichts gemein mit all den Wohlfühloasen und Einrichtungshäusern, die wir so gerne aufsuchen, um uns selbst ein Gefühl von Heimat zu geben.

Im Gegenteil: Er ist unwirtlich, provisorisch, verschmutzt. Mehr shabby als chic.

Aber Jesus ist dort.

Noch ist Er ein Baby, nackt und verletzlich und klein. Und doch vollkommen Gott! Und ist eigens dafür zur Welt gekommen, damit ich ihn sehen und anfassen darf. Er nimmt eine menschliche Gestalt an, um mir zu zeigen, dass auch ich angenommen bin. Er lässt sich auf ärmlichste Umstände ein. Und umarmt damit auch meine Armut und Bedürftigkeit. Nichts muss ich haben oder können, um in seine Gegenwart treten zu dürfen. Die Hirten an der Krippe sind das Zeugnis dafür.

Und so anmaßend das klingen mag: Auch meine eigene, kleine Geschichte legt davon Zeugnis ab. Mit meinen neun Jahren hatte ich schon eine Ahnung davon, dass das Leben auch manchmal schwer sein kann (und das kam nicht nur daher, dass ich nicht die Hauptrolle beim Krippenspiel bekommen hatte!). Ich bin deshalb froh, dass die Weihnachtsgeschichte mich Richtung Stall geführt hat. Immer wieder neu komme ich dorthin, komme an das Herz von Jesus, das er mir an Weihnachten offenbart hat. Ein Herz, das weit offensteht und in dem Raum ist für mich.

Nicht nur am Heiligen Abend – das ganze Jahr über kann ich zu ihm kommen. Dort ist der Tisch gedeckt für mich. Dort warten gute Gaben. Dort finde ich Gemeinschaft. Und dort werde ich heil.

Mit diesem Schatz im Herzen wird alles erst ins rechte Licht gerückt: Die Kerzen und die Lieder, die Geschenke und der Glanz sind nur Zeichen, die uns den Weg weisen sollen. Gott ist schon da. Egal, wo du wohnst – um dir zu begegnen, ist ihm jeder Ort recht.

Barbara Hering

Fürchtet euch nicht!
Ich verkünde euch eine Botschaft,
die das ganze Volk mit großer Freude
erfüllen wird: Heute ist für euch
in der Stadt, in der schon David
geboren wurde, der versprochene
Retter zur Welt gekommen.
Es ist Christus, der Herr.

Lukas 2,10+11

Zwischen den Jahren

Lass dir heute von **Psalm 86** Mut machen.

Weihnachten ist vorbei. Viel zu schnell. Mal wieder.

„Zwischen den Jahren" ist für mich immer eine besondere Zeit. Eine Zeit des Rückblicks und des Ausblicks. Des Innehaltens. Irgendwie sind diese Tage auch ein Niemandsland. Eine Zeit „zwischen den Stühlen".

Ich will ganz bewusst in das neue Jahr gehen. Es als Geschenk, als Neuanfang, als Schatzkiste ungeahnter Möglichkeiten begreifen. Ich will nicht am Ende des alten Jahres mit vollem Bauch und trägen Gedanken irgendwie ins neue Jahr rutschen. Ich will gefestigt sein im Glauben, mit klarem Blick und einer gottgegebenen Vision dem neuen Jahr gegenübertreten. Ohne Furcht, ohne Sorgen – voller Vertrauen und voller Freude.

Ich habe mir angewöhnt, mir von Gott ein Wort für das neue Jahr schenken zu lassen. Vorhin, während eines Regenspaziergangs mit meiner Tochter, ermutigte ich sie, Gott zu fragen, welches Wort sich wie ein Schirm über die kommenden Monate spannen soll. Sie hielt kurz inne und sagte dann mit einem Lächeln: „Frieden!"

Die Geschenke unter dem Tannenbaum mögen alle ausgepackt sein, aber unser himmlischer Vater will uns jeden Tag neu beschenken. Er hat so viel Gutes für uns

– wir müssen nur unser Herz und unsere Hände öffnen und empfangen. Staunend wie ein Kind.

Gott weiß, was wir brauchen. Er hat auch ein Wort für dich. Frage Ihn doch nach einem aussagekräftigen Begriff, den du mit in das neue Jahr hineinnehmen kannst. Und wenn du dieses Wort empfangen hast, dann mach es wie Maria und bewege es in deinem Herzen.

Danke Gott, dass dieses Wort dich begleiten darf.

Suche nach Bibelstellen, wo dieses Wort vorkommt.

Bete dieses Wort über dem neuen Jahr aus – sprich Frieden, Freude, Geborgenheit, Sieg – was immer es ist – über jedem einzelnen Tag aus.

Schreibe dieses Wort auf und hänge es an Badezimmerspiegel, Kühlschrank und ins Auto. Lass dich immer wieder an Gottes Zusagen erinnern!

Ich bin davon überzeugt, dass diese Wortreise dich näher an das Vaterherz bringen wird. Dein Glaube wird tiefer wachsen und sich fester im Wort Gottes verwurzeln. Du wirst positiver eingestellt sein und Gutes von Gott erwarten! Denn Gott ist der Vater des Lichts und alle guten Gaben kommen von ihm! (Jakobus 1,17)

Und so wird dieses Niemandsland zu einem Ort der Verheißung. Die Tage zwischen den Jahren werden zu einem strategischen, visionären, dankbaren und hoffnungsvollen Meilenstein. Voller Erwartung stehen wir an der Schwelle eines neuen Jahres, das der Herr uns schenkt.

Inka Hammond

Dein Wort ist wie ein Licht in der Nacht, das meinen Weg erleuchtet.

Psalm 119,105

Die Autorinnen

Anja Lerz stellt regelmäßig fest, dass sie sich nie ein langweiliges Leben gewünscht hat, und staunt darüber, was Gott noch so alles vorhat. Mit ihrer Familie lebt sie in Duisburg, wo sie schreibt, übersetzt, als Lektorin Autorinnen und Autoren piesackt und hin und wieder in ihrer Gemeinde predigt.

Anja Schäfer übersetzt, lektoriert und schreibt nicht nur beruflich, sondern auch liebend gern. Mit Mann und zwei Kindern lebt sie in ihrer Wahlheimat Hamburg. Sie liebt Gott, fairen Kaffee, Ranunkeln und Weißwein.

Barbara Hering lebt mit ihrem Mann und ihren drei Kindern in Lübeck. Die selbstständige Lerntherapeutin gibt in ihren Texten gerne eigene Erfahrungen weiter, die sie mit Gott in ihrem Alltag gesammelt hat, und möchte dabei Mut machen, das Leben – trotz mancher Widrigkeiten – zu umarmen.

Dr. Anneke Peereboom ist ev. Theologin und Publizistin. Sie ist im Taunus aufgewachsen, hat in Mainz und Helsinki (Finnland) studiert und im Rhein-Main-Gebiet und in Syracuse, N. Y. (USA) gearbeitet. Seit 2015 lebt sie mit ihrem Mann und ihren drei Söhnen im Rhein-Lahn-Kreis, wo sie als Landpfarrerin tätig ist. Anneke Peereboom liebt das Reisen, Bücher, Singen und das Theater, die Schönheit der Schöpfung und Pfefferminzschokolade.

Eleonore Schmitt (geb. Kottsieper) schreibt seit einigen Jahren Kinderbücher und betreibt einen Blog (ellis-gedanken.de). Sie ist verheiratet mit Artur Schmitt, Pastor (i. R.) im Bund Freier evangelischer Gemeinden.

Hannelore Schnapp ist Erzieherin, Hauswirtschaftsmeisterin, Diakonin und Gemeindepädagogin. Sie unterrichtet als Lehrerin am Evangelischen Berufskolleg des Neukirchener Erziehungsvereins. Freiberuflich arbeitet sie als Dozentin in der Religions- und Gemeindepädagogik. Sie ist verheiratet und hat eine erwachsene Tochter.

Ines Schobert kommt aus und wohnt wieder in Bad Essen bei Osnabrück – inzwischen mit drei Männern! Sie ist dankbare und glückliche Hausfrau und Mutter und frönt obendrein den Ehrenämtern mit dem, was sie sonst beruflich gemacht hat.

Inka Hammond lebt mit ihrem Mann Jeremy und zusammen mit ihren vier Kindern in der Nähe von Augsburg. Ihre Leidenschaft ist es, Frauen zu ermutigen und Menschen die Freiheit aufzuzeigen, die in Jesus möglich ist. Sie bloggt auf www.alltagsliebe.com und leitet zusammen mit ihrem Mann die Organisation „Free Indeed" (www.free-indeed.de).

Katharina Knaub (31) lebt mit ihren drei Kindern (1, 3 und 6 Jahre alt) und ihrem Ehemann im Raum Köln/Bonn. Sie ist gelernte Kinderpflegerin, arbeitet aktuell jedoch von zu Hause aus als selbstständige Mamabloggerin (www.derfamilienblog.de) mit eigenem Onlineshop (www.nelefees.de).

Luisa Seider ist Realschullehrerin für evangelische Religion und Musik. Seit sechs Jahren ist sie „Vollzeit-Mama" von drei Kindern. Nebenbei erteilt sie Klavierunterricht, ist gerne kreativ, kocht und backt gerne. Sie ist eine der Autorinnen des Blogs mamaabba.de.

Miriam Küllmer-Vogt, geboren 1973, studierte Theologie und Germanistik in Marburg und Kiel. Als Pfarrerin, Sängerin und Schauspielerin erzählt sie Geschichten, die an die Fähigkeit des Menschen zur Güte glauben. Sie lebt mit ihrer Familie in der Nähe von Frankfurt/Main. www.miriam-kuellmer.de, www.theater-zauberwort.de

Natalie Meyer, geb. 1987, ist verheiratet und ausgebildete Lehrerin. Die zweifache Mutter befindet sich aktuell in Elternzeit und ist kürzlich mit ihrer Familie von Hamburg nach Leipzig gezogen, um dort gemeinsam mit einem Team eine Gemeinde zu gründen. Sie bloggt unter https://erdperle.de

Natasha Hausammann, geb. 1975, freischaffende Kirchenmusikerin, gelernte Primarlehrerin und Buchhändlerin, verheiratet mit Andreas Hausammann, Mutter von Linus (11). Liebt graue Novembertage, Texte von Hilde Domin und Frühstücksbuffets. www.kammerpop.ch

Nicole Schweiger ist Sozial- und Montessoripädagogin und unterrichtet an einer Berufsfachschule für Kinderpflege. Sie wohnt mit ihrer Familie in Lauf a. d. Pegnitz und bloggt unter https://milchundhonig.jimdo.com über Familie, Pädagogik und Glaubensleben.

Nicole Sutera hat Volkswirtschaft studiert und sich über ein Jahrzehnt lang in der Finanzbranche mit Wertpapierkursen und Formeln beschäftigt, bevor sie sich dem Schreiben zuwandte. Sie ist Mutter von Zwillingen und lebt mit ihrer Familie im Taunus.

Renate Schnarr ist 58 Jahre alt, kennt ihren Ehemann schon seit 46 Jahren und hat vier Kinder (zwei eigene und zwei Schwiegerkinder). Sie ist Großmutter von neun Enkeln! Sie möchte für Frauen Impulsgeberin, Ein-Stück-Weg-Begleiterin, Ohr und Ratgeberin sein und bloggt unter http://schwesterherz.blog/

Sandra Geissler lebt mit ihrer Familie in Nierstein und bloggt unter 7geisslein.wordpress.com

Sr. M. Ursula Hertewich ist katholische Ordensschwester und lebt seit 2006 in der Gemeinschaft der Arenberger Dominikanerinnen. Nach ihrem Pharmaziestudium arbeitete sie sieben Jahre lang als Apothekerin. 2002 promovierte sie im Fach Pharmazeutische Biologie. Heute lebt und arbeitet Sr. M. Ursula als Seelsorgerin und Geistliche Begleiterin im Kloster Arenberg bei Koblenz und ist in ihrer Gemeinschaft als Noviziatsleiterin für die Ordensausbildung verantwortlich.

Sonja Sorbara, 1974 in Zürich geboren, ist ausgebildete Erwachsenenbildnerin und trainiert Mitarbeitende in Gebet und Jüngerschaft in einer Kirchgemeinde in Zürich, wo sie mit ihrem Mann und ihren vier Kindern lebt. Sie führt ein kleines Cupcake-Unternehmen (www.sugar-sweet.ch) und bloggt unter https://himmlischgeerdet.wordpress.com/